CORPORATION LAW

基本が わかる 会社法

葭田英人 著

三省堂

はしがき

　企業統治の強化と親子会社法制の見直しを改正の中心とする改正会社法が、平成26年6月20日に成立し、平成27年5月1日から施行された。平成17年に制定され平成18年5月に施行された会社法も11年目に入った。

　改正事項は、監査等委員会設置会社、指名委員会等設置会社、社外取締役および社外監査役に関する規律、会計監査人の選解任等に関する議案の内容の決定、資金調達の場面における企業統治の在り方、多重代表訴訟、親会社による子会社の株式等の譲渡、キャッシュ・アウト、組織再編における株式買取請求等、組織再編等の差止請求、会社分割等における債権者の保護、株主名簿等の閲覧等の請求の拒絶事由、などである。

　特に、社外取締役設置の義務化と多重代表訴訟の創設については意見の対立があったが、社外取締役を導入しない企業に株主総会での理由説明を義務付けることにより社外取締役設置の義務化は見送られた。しかし、社外取締役を置くことが相当でない理由を説明することは至難の業であり、実質的には義務化といえるものとなった。また、多重代表訴訟については、濫訴防止の観点から、創設されたが大幅に制限されたものとなった。本書において、それらの要点を分かりやすく解説した。

　今回、初版の刊行に際し、直近の動向を盛り込み、やさしくかつ詳細に記述するとともに、理解しやすいように各項目ごとにポイントを付し、会社法の論点や考え方を整理し、その仕組みを明らかにすることを目的とした。

　本書が、はじめて会社法を学習しようとする方々ばかりでなく、

社会人として実務に携わっている方々など、幅広く多くの読者の方々にとって十分に参考になる内容であることを期待したい。また、初版の刊行にあたり、格別の配慮をいただいた三省堂の黒田也靖氏をはじめ六法・法律書編集室の方々に厚くお礼を申し上げたい。

　平成28年11月

　　　　　　　　　　　　　　　　　　　　　　葭田　英人

凡　例

【法令名略語】

会社計規	会社計算規則
会社	会社法
会社施規	会社法施行規則
会更	会社更生法
銀行	銀行法
商	商法
整備	会社法の施行に伴う関係法律の整備等に関する法律
担信	担保付社債信託法
独禁	私的独占の禁止及び公正取引の確保に関する法律
破産	破産法
保険	保険業法
民	民法
民再	民事再生法

【判例等略語】

最判	最高裁判所判決
最大判	最高裁判所大法廷判決
高判	高等裁判所判決
控判	控訴院判決
民集	大審院・最高裁判所民事判例集
判時	判例時報
新聞	法律新聞

目　次

はしがき　i
凡　例　iii

第1章　会社とは ……………………………………………… 1

■1　法　人 ……………………………………………………… 1
■2　会社の概念 ………………………………………………… 3
(1) 個人企業と共同企業 …………………………………… 3
(2) 会社の特質 ……………………………………………… 5
①営利性　5／②社団性　5／③法人性　6
(3) 会社の種類 ……………………………………………… 7
①合名会社　8／②合資会社　8／③合同会社　8／④株式会社　9／⑤特例有限会社　10
(4) 会社の能力 ……………………………………………… 10

第2章　株式会社の設立 ……………………………………… 13

■1　発起人とは ………………………………………………… 13
■2　定　款 ……………………………………………………… 14
(1) 定款の作成 ……………………………………………… 14
(2) 定款の記載事項 ………………………………………… 15
①絶対的記載事項　15／②相対的記載事項　17／③任意的記載事項　19
■3　発起設立と募集設立 ……………………………………… 20
(1) 発起設立 ………………………………………………… 20

①出資の履行　20／②設立時取締役等　21
　(2)　募集設立 ……………………………………………………21
　　　①株式の引受け・割当て　21／②出資の履行　22／③創立
　　　総会　23
　(3)　設立登記 ……………………………………………………23
4 設立関与責任 ……………………………………………………24
　(1)　会社成立の場合 ……………………………………………24
　　　①財産価格てん補責任　24／②任務懈怠責任　25／③擬似
　　　発起人の責任　26
　(2)　会社不成立の場合 …………………………………………26
5 設立無効と会社の不存在 ………………………………………26
　(1)　設立無効 ……………………………………………………27
　　　①設立無効原因　27／②設立無効の訴え　27
　(2)　会社の不存在 ………………………………………………28

第3章　株式会社の資金調達 ……………………………29

1 株　式 ……………………………………………………………30
　(1)　株式とは ……………………………………………………30
　(2)　株主の権利と義務 …………………………………………31
　　　①株主の権利　31／②株主の義務　34／③株主平等の原則
　　　35
　(3)　株式の種類 …………………………………………………36
　　　①優先株式、普通株式、劣後株式　37／②議決権制限株式
　　　37／③譲渡制限株式　38／④取得請求権付株式　38／⑤
　　　取得条項付株式　38／⑥全部取得条項付種類株式　39／⑦
　　　拒否権付種類株式（黄金株）　40／⑧役員選任権付種類株
　　　式　40

(4) 株券と株主名簿……………………………………………40
①株券 41／②株券の善意取得と喪失 42／③株主名簿 43

(5) 株式の譲渡・担保・取得…………………………………47
①株式譲渡の自由 47／②株式の譲渡制限 47／③株式担保 50／④自己株式（金庫株）の取得 51／⑤親会社株式取得規制 54／⑥振替株式制度 55

(6) 株式の併合・分割・無償割当て…………………………56
①株式併合 56／②株式分割 57／③株式無償割当て 57

(7) 単元株制度…………………………………………………58

(8) 募集株式の発行……………………………………………60
①募集株式の発行手続 61／②出資の履行 63／③募集に係る責任 65／④違法な新株発行等に対する措置 66

2 新株予約権……………………………………………………68

(1) 新株予約権とは……………………………………………68

(2) 新株予約権の発行…………………………………………69
①新株予約権の発行手続 69／②新株予約権原簿 71／③新株予約権の無償割当て 71

(3) 新株予約権の譲渡・質入れ………………………………72

(4) 自己新株予約権の取得……………………………………72

(5) 新株予約権の行使…………………………………………73
①行使による払込み・給付 73／②検査役の調査 74／③不公正な行使による責任 74

(6) 違法な新株予約権の発行に対する措置…………………75
①新株予約権の発行差止請求 75／②新株予約権の発行の無効の訴え 75／③新株予約権の発行の不存在確認の訴え 76

3 社　債 …………………………………………………………… 76
(1) 社債とは ……………………………………………………… 76
(2) 社債の発行 …………………………………………………… 77
①社債の発行手続　77／②社債券の発行・不発行　78／③社債原簿　79
(3) 社債の流通 …………………………………………………… 80
①社債の譲渡・質入れ　80／②社債券の発行・喪失　80／③社債利息の支払　81／④社債の償還方法　81
(4) 社債の管理 …………………………………………………… 81
①社債管理者　82／②社債権者集会　85

第4章　株式会社の機関 …………………………………………… 89

1 機関とは …………………………………………………………… 89
(1) 会社の機関 …………………………………………………… 89
(2) 株式会社の機関設計 ………………………………………… 90
2 株主総会 ………………………………………………………… 92
(1) 意義と権限 …………………………………………………… 93
①取締役会非設置の場合　93／②取締役会設置の場合　93
(2) 招　集 ………………………………………………………… 94
①招集権者　94／②招集地　94／③招集通知　95
(3) 運　営 ………………………………………………………… 96
①議題の決定　96／②総会検査役　97／③議決権　97／④投票制度　98／⑤取締役等の説明義務　99／⑥議事録　99
(4) 決議方法 ……………………………………………………… 100
①普通決議　100／②特別決議　101／③特殊決議　101／④株式買取請求権　102

(5) 種類株主総会 …………………………………… 102
　(6) 決議の瑕疵を争う訴訟 ………………………… 103
　　①決議不存在確認の訴え　104／②決議無効確認の訴え
　　104／③決議取消しの訴え　104
3 取締役と取締役会 ……………………………… 105
　(1) 取締役とは ……………………………………… 105
　　①選任　105／②資格　106／③員数・任期　106／④解任
　　107
　(2) 社外取締役 ……………………………………… 107
　　①社外取締役の要件　107／②社外取締役を置いていない
　　場合の理由の開示　108
　(3) 代表取締役 ……………………………………… 109
　　①代表取締役とは　109／②員数・任期・資格　110／③権
　　限　110／④表見代表取締役　111
　(4) 取締役会 ………………………………………… 111
　　①職務と権限　111／②招集　112／③決議　113／④議事
　　録　114／⑤特別取締役　115
　(5) 取締役の義務と責任 …………………………… 116
4 会計参与 ………………………………………… 118
　(1) 会計参与とは …………………………………… 118
　　①選解任　118／②資格　119／③任期　119
　(2) 職務と権限 ……………………………………… 120
　　①計算書類等の作成　120／②調査権　120／③意見陳述
　　義務　120／④報告義務　121／⑤計算書類の備置き・閲
　　覧等　121
5 監査役と監査役会 ……………………………… 122
　(1) 監査役 …………………………………………… 122

①監査役とは 122／②選解任 123／③員数・任期 124／④職務と権限 125／⑤会計監査限定監査役 126／⑥株主の監督権限の強化 127／⑦監査役の報酬等 127

(2) 監査役会 ……………………………………………………128
①監査役会とは 128／②社外監査役の要件 129／③監査役会の運営 129

(3) 監査役の義務と責任 …………………………………………130

6 会計監査人 ………………………………………………………131
(1) 会計監査人とは……………………………………………131
①設置 131／②選解任 132／③選解任等に関する議案の決定権 133

(2) 職務と権限 …………………………………………………133
①監査権限 133／②報告義務 134

7 監査等委員会設置会社 …………………………………………134
(1) 監査等委員会設置会社とは………………………………135
(2) 監査等委員 …………………………………………………137
①選解任 137／②任期 138／③報酬 138／④職務と権限 138

(3) 監査等委員会 ………………………………………………140
①職務と権限 140／②運営 140／③利益相反取引と任務懈怠の推定の排除 141

(4) 取締役会 ……………………………………………………142
①職務と権限 142／②重要な業務執行の決定の委任の禁止 142

8 指名委員会等設置会社 …………………………………………143
(1) 指名委員会等設置会社とは………………………………143
(2) 取締役および取締役会 ……………………………………145

①取締役　145／②取締役会　145
　(3)　委員会 ·· 146
　　　①各委員会　146／②監査委員の職務権限　147／③招集
　　　手続と決議　148／④議事録　148
　(4)　執行役 ·· 149
　　　①執行役とは　149／②選解任　149／③職務と義務　150
　　　／④代表執行役　150
9　役員等の損害賠償責任 ··· 150
　(1)　会社に対する損害賠償責任 ··································· 151
　　　①原則　151／②責任の軽減　151／③利益相反取引に対
　　　する責任　153／④利益供与に対する責任　153
　(2)　第三者に対する損害賠償責任 ································ 153
　(3)　株主代表訴訟（責任追及等の訴え） ······················ 154
　　　①株主代表訴訟とは　154／②訴訟手続　154／③和解
　　　155／④原告適格の継続　156／⑤費用負担　157／⑥株主
　　　敗訴の場合の責任　157／⑦再審の訴え　157
　(4)　多重代表訴訟（特定責任追及の訴え） ··················· 158
　　　①多重代表訴訟とは　158／②原告適格　158／③特定責
　　　任　159／④補助参加　160／⑤敗訴した株主等の損害賠
　　　償責任　160

第5章　株式会社の計算 ··· 161

1　会社の計算とは ·· 161
2　会計帳簿と計算書類等 ··· 162
　(1)　作成・保存・提出の義務 ······································ 162
　　　①作成　162／②備置きおよび閲覧・謄抄本交付請求　162
　　　／③保存および提出命令　163

(2)　会計監査 …………………………………………………… 164
　(3)　承認手続 …………………………………………………… 164
　(4)　決算公告 …………………………………………………… 165
　(5)　臨時計算書類 ……………………………………………… 165
　(6)　連結計算書類 ……………………………………………… 166
3　資本金および準備金 ………………………………………… 166
　(1)　資本金および準備金とは ………………………………… 166
　(2)　資本金・準備金の額 ……………………………………… 167
　(3)　資本金・準備金の額の減少手続 ………………………… 168
　(4)　会社債権者異議手続 ……………………………………… 168
　(5)　資本金減少無効の訴え …………………………………… 169
　(6)　資本金・準備金の額の増加手続 ………………………… 169
4　剰余金の分配 ………………………………………………… 170
　(1)　剰余金の分配とは ………………………………………… 170
　(2)　現物配当と金銭分配請求権 ……………………………… 171
　(3)　分配決定機関の特則 ……………………………………… 171
　(4)　剰余金の分配規制（財源規制） ………………………… 172
　(5)　分配可能額 ………………………………………………… 173
　(6)　違法配当 …………………………………………………… 173

第6章　会社の組織再編 …………………………………… 175

1　組織変更 ……………………………………………………… 175
　(1)　組織変更とは ……………………………………………… 175
　(2)　株式会社の変更手続 ……………………………………… 176
　(3)　持分会社の変更手続 ……………………………………… 177
2　事業の譲渡等 ………………………………………………… 177
　(1)　事業譲渡とは ……………………………………………… 177

(2)　合併との比較 …………………………………… 178
　　(3)　事業譲渡会社の競業の禁止 …………………… 178
　　(4)　事業譲受会社の責任 …………………………… 179
　　(5)　詐害的事業譲渡に係る譲受会社に対する債務の履行の
　　　　請求 ………………………………………………… 180
　　(6)　事業譲渡・譲受けの手続 ……………………… 180
　3　合　併 ……………………………………………… 182
　　(1)　合併とは ………………………………………… 182
　　(2)　吸収合併 ………………………………………… 183
　　(3)　新設合併 ………………………………………… 184
　　(4)　合併手続 ………………………………………… 184
　4　会社分割 …………………………………………… 185
　　(1)　会社分割とは …………………………………… 185
　　(2)　吸収分割 ………………………………………… 186
　　(3)　新設分割 ………………………………………… 187
　　(4)　詐害的な会社分割における債権者の保護 …… 188
　　(5)　分割手続 ………………………………………… 188
　5　株式交換・株式移転 …………………………… 189
　　(1)　株式交換・株式移転とは ……………………… 189
　　(2)　株式交換 ………………………………………… 190
　　(3)　株式移転 ………………………………………… 190
　　(4)　株式交換・株式移転の手続 …………………… 191
　6　組織再編行為の無効の訴え …………………… 191

第7章　会社の再建と消滅 ……………………… 193

　1　会社の再建 ………………………………………… 193
　　(1)　民事再生 ………………………………………… 193

①民事再生とは　193／②民事再生開始原因　194／③再生債務者による再建　194
　(2)　会社更生 …………………………………………………………… 194
　　①会社更生とは　194／②更生手続開始の申立て　195／③管財人による更生　195
 2　会社の消滅 …………………………………………………………… 196
　(1)　解　散 …………………………………………………………… 196
　　①解散とは　196／②解散事由　196／③休眠会社のみなし解散制度　196／④会社の継続と制限　197
　(2)　清　算 …………………………………………………………… 197
　　①通常清算　197／②特別清算　200

第8章　持分会社 ……………………………………………… 201

 1　持分会社とは ………………………………………………………… 201
 2　設　立 ………………………………………………………………… 202
　(1)　定款作成 ………………………………………………………… 202
　(2)　出資の履行と登記 ……………………………………………… 203
　(3)　定款変更 ………………………………………………………… 204
　(4)　設立無効・取消しの訴え ……………………………………… 204
 3　社　員 ………………………………………………………………… 205
　(1)　社員の責任 ……………………………………………………… 205
　(2)　持分の譲渡と取得制限 ………………………………………… 206
　(3)　社員の加入 ……………………………………………………… 207
　(4)　社員の退社 ……………………………………………………… 208
 4　業務執行 ……………………………………………………………… 209
　(1)　業務執行社員とは ……………………………………………… 209
　(2)　法人業務執行社員と代表社員 ………………………………… 210

目　次　**xiii**

(3) 業務執行社員の義務と責任 …………………………………… 210
5 計　算 ……………………………………………………………… 212
　(1) 計算とは ……………………………………………………… 212
　　①会計帳簿と計算書類　212／②資本金の減少　213／③利益の配当と損益の分配（持分の増減）　213／④出資の払戻し　214
　(2) 合同会社の計算に関する特則 ………………………………… 214
　　①計算書類の閲覧・謄写請求権と決算公告　214／②資本金の減少と会社債権者異議手続　215／③利益の配当　216／④出資の払戻し　217／⑤持分の払戻しと会社債権者異議手続　218
6 終　了 ……………………………………………………………… 219
　(1) 解　散 ………………………………………………………… 219
　(2) 清　算 ………………………………………………………… 220
　　①法定清算　220／②任意清算　222／③清算の結了　223

参考文献 ……………………………………………………………… 225
事項索引 ……………………………………………………………… 226

装丁＝志岐デザイン事務所（萩原睦）
組版＝木精舎

第1章

会社とは

1 法人

法人とは

　法人とは、何だろう。
　会社は、さまざまな法人の中で、どのような位置付けにあるのだろう。

　法律上、一定の権利能力を認められ、法律により人格を与えられた自然人以外の組織を法人という。法人は、公法人と私法人に区分される。公法人とは、国や地方公共団体（都道府県、市町村など）のような法人格をもつ公共団体をいう。公法人以外の法人を私法人といい、私法人はさらに財団法人と社団法人に分類される。
　財団法人は、寄付行為（社団法人の定款に相当する）に従い事業

【法人の分類】

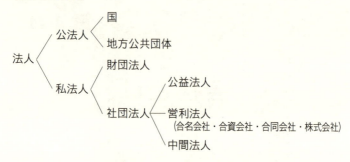

＊権利能力のない社団（人格のない社団）

を運営する法人であり、一定の目的のために供せられた財産自体に法人格が与えられた組織である。これには日本棋院や日本体育協会などが属する。

　これに対して、社団法人とは、根本規則である定款に従い、一定の目的をもつ人の集合体に権利能力が与えられた組織であり、その社員（構成員）からなる社員総会の意思決定により、その目的である事業を運営する法人である。

　さらに、社団法人は、公益法人、営利法人、中間法人に分けられる。公益法人とは、社会全般、不特定多数の利益を目的とし、営利を目的とはせず、祭祀、宗教、慈善、学術、技芸、その他公益に関する事業を目的とする法人をいう（民33条2項）。これには、日本赤十字社、日本新聞協会、学校法人などが属する。なお、学校法人は学校法人法、宗教法人は宗教法人法、社会福祉法人は社会福祉事業法など特別法に規律される公益法人である。

　また、営利法人とは、営利を目的とする社団法人をいい、社員（構成員）に法人の利益を分配することが要件である。合名会社、

合資会社、合同会社、株式会社がこれに属する。なお、財団法人は、利益を分配する社員（構成員）がいないので、営利法人となることはない。

　中間法人は、組合員（構成員）の相互扶助を目的としているため、公益も営利も目的としない。特別法により法人格が認められている中間的目的をもつ互助団体であり、農業協同組合、労働組合、中小企業協同組合、消費生活協同組合、保険相互会社などがこれに属する。

　なお、権利能力のない社団（人格のない社団）とは、公益や営利を目的とせず、構成員の学術、精神、体力の向上を目的とし、組織・総会運営・財産管理など社団法人としての実体を備えているが、法人格が認められていない組織をいい、学術団体、同窓会、社交クラブ、運動クラブなどがこれに属する。

2　会社の概念

(1)　個人企業と共同企業

> **企業形態とは**
> 　個人企業と共同企業の相違点は、何だろう。
> 　共同企業がさまざまに区分される目的は、何だろう。

　事業活動を行うための企業形態には個人企業と共同企業がある。出資者が1人の個人企業の場合には、企業活動により生じる権利義務や損益はすべて出資者個人に帰属する。出資者個人は単独で

企業主体となり、債権者は出資者個人に対し責任を追及することができる。

これに対し、出資者が複数の共同企業には、法人格を有しない組合企業として民法上の組合と匿名組合および有限責任事業組合などがあり、法人格を有する会社企業には持分会社（合名会社、合資会社、合同会社）と株式会社がある。

民法上の組合とは、個人か法人かを問わず複数の者が出資をし、共同の事業を営むことを合意する組合契約が基本となる（民667条1項）。各組合員は独立して業務を行うことができるが、組合財産は組合員の共有となる（民668条）。なお、組合の債務については、各組合員が無限責任を負う。

匿名組合は、出資者である匿名組合員が営業者の事業のために出資し、その事業から生ずる利益の分配を受けることを約束する財産出資契約が基本となる（商535条）。匿名組合員と営業者の共同事業であるが、匿名組合員は有限責任を負い、無限責任を負う営業者だけが表面に出ることになる。

有限責任事業組合とは、イギリスにおけるLLP（Limited Liability Partnership）を範としたもので、民法上の組合契約の特例として「有限責任事業組合契約に関する法律」に基づき、有限責任事業組合契約を基本として、個人または法人が共同で営利事業を行う組合である。法人格はなく、組合員は有限責任を負う。

これに対し、会社は、複数の出資者が共同して事業を営むことを目的とし、多くの資本と労力を集めることができ、損失を分散し軽減することもできる。さらに、会社の社員（構成員）が変わっても、会社そのものは継続することができる。なお、ここでいう社員とは、従業員という意味ではなく、出資者の意味である。

(2) 会社の特質

💡 point！

会社の特質とは
会社にはどんな特質があるのだろう。
会社の特質によるメリットとは、何だろう。
一人会社は、社団性に反しないのだろうか。

　法人格を有し、一定の権利能力が認められている組織である会社は営利社団法人といわれ、営利を目的とする社団であることから、その特質として営利性、社団性、法人性がある。

① 営利性
　会社は、利益を得ることを目的とする事業活動を行うだけでなく、その利益を出資者である社員に、剰余金の配当または残余財産の分配をすることを目的とする。なお、公法人や公益法人も営利事業を行うことはあるが、社員に分配することを目的としないので営利性があるとはいえない。さらに、公益も営利も目的とせず、構成員の相互扶助を目的とする中間法人も営利性があるとはいえない。

② 社団性
　共同の目的を有する社員が結合した団体には組合と社団があるが、社員どうしが相互に契約で直接結合している団体を組合といい、社員が団体と直接結合し、他の社員とは団体を通じて間接結合している団体を社団という。

合名会社、合同会社、株式会社については、一人会社は認められるが、合資会社は、無限責任社員と有限責任社員をそれぞれ1人以上要するので、一人会社は存在しない。なお、一人会社が社団性に反しないのは、一人会社の社員は、いつでも持分（株式）を譲渡することにより複数になることができるからであり、潜在的社団性があるといわれている。

③ 法人性（会社3条）

会社は、法人格が認められた社団であり、会社自身が権利義務の帰属主体となることにより、個人財産と会社財産が区分され、契約締結、訴訟等の会社の法律関係を簡便に処理することができる。

また、社員が、会社財産や業務を社員個人のものと混同させたり、会社の法人格を社員個人の責任回避のために濫用して他者に損害を与えたりするような場合は、不法または不当の目的のために法人格が濫用されたことになる。そこで、法律の適用を回避するために濫用されているときには、その法律関係に関してのみ会社の法人格を否認し、会社と社員を同一視して、会社名義でなされた取引であっても、社員個人の行為として責任を負わせることが認められており、これを法人格否認の法理という（最判昭44・2・27民集23巻2号511頁）。

(3) 会社の種類

会社の種類とは
会社は、どのような基準で分類されるのだろう。
会社の分類には、どのような意味があるのだろう。

　会社法制定前の会社は、社員の責任内容により合名会社、合資会社、有限会社、株式会社に区分されていたが、会社法制定後は、合同会社が創設され、有限会社については、株式会社に統合された。また、内部規律の面から組合型であり、人的結合を重視し、全社員の総意により会社運営を行っていくという人的つながりの強い会社形態をとり、株式制度を採用しないという共通の特質を有することから、合名会社、合資会社、合同会社を持分会社として規定した。

　なお、社員の責任内容については、会社債務の弁済について、会社債権者（取引先・銀行・社債権者等）に対して直接責任を負う者と、何ら直接責任を負わないで、会社に対して出資義務を負うだけで、出資財産が会社財産として会社を通して、会社債権者に対して間接責任を負う者に分けられる。さらに、出資金額を限度とした有限責任を負う者と、会社債務全額について弁済する無限責任を負う者に区分される。

　したがって、会社は、主として社員の責任内容により次のように区分される。

① 合名会社

合名会社は、直接無限責任社員だけで構成されている会社で(会社576条2項)、社員は個人でも法人でもよく、会社財産をもってしても会社債務を完済できないときは、各社員が連帯して会社債権者に対して直接弁済の責任を負う(会社580条1項)。なお、社員の個性が重視され、社員の出資は、金銭その他の財産の出資が原則であるが、労務出資や信用出資も認められている。

② 合資会社

合資会社は、直接無限責任社員と直接有限責任社員から組織された会社であり(会社576条3項)、直接無限責任社員は、合名会社の社員と同様の責任を負い、直接有限責任社員は、会社債権者に対して直接責任を負うが、その責任は出資額を限度として会社債務を弁済する有限責任である(会社580条2項)。

また、合資会社においては、無限責任社員のみならず有限責任社員も業務執行社員であり、業務執行社員を定款で定めた場合には、業務執行社員が会社を代表する(会社591条1項・599条1項)。ただし、業務執行権を有しない社員であっても、その業務および財産の状況を調査することができる(会社592条1項)。なお、有限責任社員については、金銭その他の財産の出資に限られる(会社576条1項6号)。

③ 合同会社

合同会社は、アメリカにおけるLLC (Limited Liability Company)をモデルとして日本に導入されたもので、会社の所有と経営が一致し、人的結合が強く、社員の個性が重視される会社である。しかし、株式会社のように内部規律に強行規定が適用されることは

なく、制度設計は自由であり、機関の設置に関する強制的な規制はない。また、社員の有限責任が確保され、会社の内部関係については組合的規律が適用されるという特徴を有する会社である。つまり、会社の内部的には民法上の組合であり、対外的には有限責任という会社類型である。

また、社員が自ら経営を行うので（会社590条1項）、組織内部の取り決めは自由に決定することができる企業組織である。株式会社同様、会社債権者に対し直接責任を負うことはなく、その出資の価額を限度として、会社の債務を弁済する責任を負う間接有限責任社員から構成されている（会社576条4項・580条2項）。したがって、社員の出資は、金銭その他の財産に限定される（会社576条1項6号）。なお、合同会社の活用方法としては、合弁事業、投資ファンド、高度専門的職業などが考えられている。

④ 株式会社

株式会社は、社員が株主と呼ばれ、株式の引受価額を限度として責任を負う間接有限責任社員からなる会社である（会社104条）。会社債権者に対し直接責任を負うことはなく、会社に対して金銭その他の財産による出資義務を負うだけである。なお、原則として、株主は株主総会で会社の基本的事項を決議するが、会社の経営は取締役に委任されている。

なお、公開会社とは、その発行する全部または一部の株式の譲渡について、株式会社の承認を要する旨の定款の定めを設けていない会社をいうのであり（会社2条5号）、非公開会社（全株式譲渡制限会社）は、すべての種類の株式が譲渡制限株式である株式会社のことをいう。

また、株式会社においては、大会社（資本金5億円以上または最

終の貸借対照表の負債総額200億円以上の会社）とそれ以外の会社（中小会社）では機関構成の選択肢が異なっている。特に、非公開会社や大会社以外の会社（中小会社）にとっては選択の範囲がきわめて広く、機関設計の柔軟化が図られている。

⑤ 特例有限会社

有限会社法の廃止に伴い、廃止前から存在する有限会社については、その実体を維持したまま会社法を適用することとし、「会社法の施行に伴う関係法律の整備等に関する法律」により、有限会社の商号を引き続き使用することができる株式会社（特例有限会社）として存続するか、商号を有限会社から株式会社に変更するかの選択は、その会社の自由に委ねられている。また、持分会社への組織変更も可能であるが（会社743条）、一旦、特例有限会社でなくなると、二度と特例有限会社に戻ることはできない。

(4) 会社の能力

会社の能力とは

会社という法人は、自然人とどのように違うのだろう。
会社の法的能力とは、どのようなものなのだろう。

会社は法人格をもっているのであるから権利能力を有する。しかし、会社の活動は、自然人の行為を通じて実現する法律行為であり、実際には会社の機関が法律行為を代理する。また、会社はその権利能力の範囲内において行為能力を有することから、会社

の機関が、職務遂行にあたり第三者に損害を与えた場合には、会社が損害賠償の責任を負う。

しかし、会社は、自然人と異なり法人としての性格上一定の制限がある。つまり、会社は自然人ではないので、その性質により制限され、自然人としての親権、生命権などの権利や扶養などの義務の主体となることはできない。

また、会社の法人格は、法律により与えられたものであるから、権利能力も法令により制限される（民34条）。たとえば、会社が解散または破産した場合、清算の目的の範囲内において、清算が結了するまでは存続するものとみなされる（会社476条・645条、破産35条）。

さらに、会社の権利能力は、定款に定めた事業目的の範囲内に制限されるので、目的の範囲外の行為は効力を生じない。ただし、その行為が定款の目的内のものかどうかは、客観的な性質から判断されなければならない。

第2章

株式会社の設立

1 発起人とは

発起人とは
　発起人の役割は、何だろう。
　発起人には、何か資格が必要なのだろうか。

　発起人は、株式会社の定款を作成し設立手続を企画し推進する。発起人は、株式会社の最初の株主となり、設立時の発行株式を1株以上引き受けなければならない（会社25条2項）。また、発起人は1人以上いればよく、実際に企画したかどうかを問わず、定款に署名または記名押印した者をいう。なお、発起人の資格には制限はなく、制限行為能力者、外国人、法人であってもよい。
　さらに、発起人は、株式会社の設立時株式発行に関する事項を、

発起人全員の同意により決定しなければならない（会社32条1項）。また、発起人が複数の場合には、共同責任を負う集団として発起人組合をつくることができる。

2 定　款

> **定款とは**
> 定款とは、何だろう。
> 定款には、何が記載されているのだろう。

(1) 定款の作成

　発起人が作成する定款とは、会社の組織や活動を定める根本規範をいい、強行規定に反しない限り自由に定めることができる。発起人全員がこれに署名しまたは記名押印しなければならない（会社26条1項）。また、電磁的記録をもって作成することもできる（会社26条2項）。

　さらに、後日の不正行為や紛争を防止するために公証人の認証を受けることが強制され、公証人の認証がないと定款は無効となる（会社30条1項）。なお、公証人の認証を受けた定款は、原則として、株式会社成立前は変更することは認められないが（会社30条2項）、会社成立後、定款を変更した場合には、公証人の認証は必要ない。

　また、発起人は、発起人が定めた場所に、株式会社成立後はその株式会社の本店および支店に定款を備え置くことが義務付けら

れている（会社31条1項）。なお、発起人、株主、債権者、親会社の株主その他の社員は、定款の閲覧・謄抄本の交付を請求することができる（会社31条2項・3項）。

一方、会社内外の状況の変化により、定款を変更することができる（会社466条）。定款変更には、株主総会において、総株主の議決権の過半数を有する株主が出席し、出席株主の議決権の3分の2以上の多数による特別決議による（会社309条2項）。ただし、定款変更により、ある種類の株主に損害を与えるときには、種類株主ごとの総会における特別決議を要する（会社322条1項1号）。

(2) 定款の記載事項

定款の記載事項には、絶対的記載事項、相対的記載事項、任意的記載事項がある。

① 絶対的記載事項

定款に必ず記載しなければならない事項を絶対的記載事項といい、1つでも記載を欠いた場合、またはその記載が違法であるときは、定款全体が無効となる。定款の絶対的記載事項には、次の6つが列挙されている。

(イ) 目的（会社27条1号）

会社の事業目的を具体的に記載する。

(ロ) 商号（会社27条2号）

株式会社の商号は、図形や記号は認められないが、漢字またはかな文字で表示し呼称できる限り商号の選定は自由であるが、株式会社という文字は使用しなければならない（会社6条）。

(ハ) 本店の所在地（会社27条3号）

本店の所在する最小独立行政区画（市町村、東京都や指定都市では区）を記載する。

㈡　設立に際して出資される財産の価額またはその最低額（会社27条4号）

最低額については制限の定めがないため、資本金1円の株式会社を設立することができる。

㈥　発起人の氏名または名称および住所（会社27条5号）

発起人の署名のほかに、氏名または名称および住所の記載も必要である。

㈦　発行可能株式総数（会社37条）

発行可能株式総数とは、株式会社が発行することができる株式の総数の上限をいい、発行可能株式総数を定款で定めていないときには、発起設立の場合では発起人全員の同意または募集設立の場合には創立総会の決議によって、株式会社の成立の時までに定款を変更して定めなければならない（会社37条1項・98条）。

また、発行可能株式総数を定款で定めている場合でも、株式会社の成立の時までに、発起人全員の同意によって、発行可能株式総数についての定款の変更をすることができる（会社37条2項）。このように定款作成時に発行可能株式総数を決める必要がないので、発起人が割当てを受ける設立時発行株式の数についても、定款の作成（認証）後に、発起人全員の同意で定めることができる（会社32条1項）。

さらに、取締役の権利濫用を防止するために、会社設立時の発行株式総数は、発行可能株式総数の4分の1以上であることが強制されているが（会社37条3項本文）、非公開会社の場合には、新株または新株予約権の発行は株主総会の特別決議を要するため、既存株主の利益を害するおそれがないことからこの規定の適用は

ない（会社37条3項ただし書）。

② 相対的記載事項

定款に記載しなくても定款自体の効力には影響しないが、定款に記載するとその効力が生じる事項を相対的記載事項という。数種の株式発行、株主総会の権限、株式譲渡制限などがこれに当たる。

特に中小会社にとって重要な事項には、株式譲渡制限、指定買取人、相続人等に対する売渡請求、株主総会の権限、株主総会の招集通知を発する時期、取締役会・監査役・会計参与の設置、取締役を株主に限定、監査役の監査の範囲の限定、取締役・監査役・会計参与の任期の伸長、社外取締役等の責任限定契約などが該当する。

また、次の4つの事項が財産的基礎を危うくするおそれがあり、これを変態設立事項という（会社28条）。なお、濫用防止のために定款に記載した場合には、裁判所の選任する検査役の調査を必要とし（会社33条1項）、その内容が不当なときは定款変更が強制される（会社33条7項・9項）。

(イ) 現物出資（会社28条1号）

原則として、出資は金銭出資であるが、金銭以外の財産（動産、不動産、債権、有価証券、知的財産権等）をもってする出資を現物出資という。会社にとっては必要な財産を確保でき、出資者にとっても便宜性がある。

しかし、財産が過大評価された場合には、他の株主や会社債権者および会社の利益を害するおそれがあるので、定款に、現物出資者の氏名または名称、出資財産の価額、現物出資者に割り当てる設立時発行株式の種類および数などの詳細な記載を要求してい

る。なお、会社設立時には、現物出資者は発起人に限定されている（会社34条1項）。

(ロ) 財産引受け（会社28条2号）

株式会社設立に際し、成立後に、特定の者から特定の財産を譲り受ける旨の売買契約をいう。財産の過大評価の可能性があることから、定款で目的財産およびその価額、譲渡人の氏名または名称を特定しない限り効力は生じない。

(ハ) 発起人が受ける報酬その他の特別の利益（会社28条3号）

会社設立手続の対価として発起人が受ける報酬については、発起人が不当に高額の報酬を受け取ることを防ぐために定款に記載し、調査により認められた金額の範囲内においてのみ会社に請求できる。

また、剰余金の配当の優先権や会社設備の利用特権など発起人が功労者として受ける特別の利益についても、恣意的に配分の取決めがなされるおそれがあるので、発起人の氏名または名称および特別の利益の内容について定款で特定することを定めている。

(ニ) 設立費用（会社28条4号）

会社設立のために必要な費用で、事務員の給与、事務所の賃借料、株式の募集広告費、株券の印刷費、必要書類の印刷費、創立総会の費用などがある。定款に記載された金額を限度として、調査により認められた範囲内において会社が負担すべきものとし、出費超過の場合には、発起人が負担しなければならない。

なお、定款の認証手数料・印紙税、設立登記費用、検査役の報酬等については濫用のおそれがないので、定款に記載しなくても会社の設立費用となる。

ただし、次の場合には検査役の調査を省略することができる。

(a) 少額財産の特例

現物出資・財産引受けの財産について、定款に記載されまたは記録された価格総額が500万円を超えない場合（会社33条10項1号）。

(b) 市場価格のある有価証券の特例

現物出資・財産引受けの財産のうち市場価格のある有価証券について、定款に記載されまたは記録された価額が市場価格として法務省令で定める方法により算定される価格を超えない場合（会社33条10項2号）。

(c) 価格証明の特例

現物出資・財産引受けの財産について、定款に記載されまたは記録された価額が相当であることについて弁護士、弁護士法人、公認会計士、監査法人、税理士、税理士法人の証明を受けた場合、ただし、その財産が不動産である場合には、不動産鑑定士の鑑定評価の証明を要する（会社33条10項3号）。

③ 任意的記載事項

強行法規や公序良俗に反しない限り、定款に記載しなくても効力が認められないわけではないが、記載すれば明確になる事項を任意的記載事項という。具体的には、株主総会の議長、取締役や監査役の員数、株主総会の招集時期、事業年度、会社の公告方法などである。

なお、会社の公告方法として、官報や日刊新聞紙または電子公告のいずれかの方法を選択する場合には、定款で定めておかなければならない（会社939条1項）。ただし、会社の公告方法についての定めがない場合には、官報による方法となる（会社939条4項）。

3 発起設立と募集設立

> **point！**
>
> **発起設立と募集設立とは**
> 発起設立と募集設立の違いは、何だろう。
> 設立時取締役等は、選任後遅滞なく、設立手続を調査しなければならないのは、なぜだろう。

　株式会社の設立においては、株式の引受方法により発起設立と募集設立に分けられる。

(1) 発起設立

① 出資の履行

　発起設立とは、会社設立に際して発行するすべての株式を、発起人だけで引き受けて設立する方法をいう（会社25条1項1号）。発起人は、引受け後遅滞なく、出資に係る金銭の全額を発起人が定めた銀行または信託会社に払い込むか、現物出資財産の全部の給付をしなければならない（会社34条）。

　なお、設立登記の際には、払込取扱金融機関の残高証明等により一定の時期に払込みが行われたことの証明があればよいので、払込金を設立前でも使用することができる。ただし、株主となる権利の譲渡（権利株の譲渡）は、成立後の株式会社に対抗することができない（会社35条）。つまり、権利株の譲渡は、当事者間では有効だが、会社に対して無効であり、権利株の譲受者の株主権は認められない。

② 設立時取締役等

発起人は、出資の履行後、遅滞なく、発起人の議決権の過半数をもって設立時取締役等(取締役、会計参与、監査役、会計監査人)を選任しなければならない(会社38条1項・2項・3項・40条・41条)。なお、定款で設立時取締役等を定めることもでき、この場合には、出資の履行が完了した時に選任されたものとみなされる(会社38条3項)。

また、選任された設立時取締役および設立時監査役は、選任後遅滞なく、現物出資財産等について、定款に記載・記録された価額が相当であること、弁護士等(弁護士、弁護士法人、公認会計士、監査法人、税理士、税理士法人)の証明が相当であること、出資の履行が完了していること、会社の設立手続が法令または定款に違反していないこと等の設立手続を調査し(会社46条1項)、法令もしくは定款に違反し、または不当な事項があると認めるときは、発起人(指名委員会等設置会社の場合には、設立時代表執行役)に通知しなければならない(会社46条2項・3項)。

なお、発起人は、株式会社の成立時までの間、発起人の議決権の過半数(設立時監査役の解任については、3分の2以上の多数)をもって、設立時取締役等を解任することができる(会社42条・43条1項・44条1項・45条1項)。

(2) 募集設立

① 株式の引受け・割当て

募集設立とは、会社設立に際し、発行する株式総数のうち発起人が引き受けたあとの残部の株式については、引き受ける者を募集して会社を設立する方法をいう(会社25条1項2号)。発起人は、

その全員の同意をもって、設立時発行株式を引き受ける者の募集をする旨を定めることができ（会社57条）、設立時募集株式の募集条件を募集株式ごとに定めなければなければならない（会社58条）。

さらに、発起人は、株式の申込みがあると、割当自由の原則により設立時募集株式の割当てを行い、払込期日の前日までに、その申込者に対して割り当てる設立時募集株式の数を通知しなければならない（会社60条）。

② 出資の履行

設立時募集株式の申込者および契約により設立時募集株式の総数を引き受けた者は、設立時募集株式の引受人となり（会社62条）、払込期日またはその期間内に、発起人が定めた払込取扱金融機関において、設立時募集株式の払込金額の全額を遅滞なく払い込まなければならない（会社63条1項）。

また、設立時募集株式の引受人が払込みをしないときは、設立時募集株式の株主となる権利を失うが（会社63条3項）、定款に定める「設立に際して出資される財産の価額またはその最低額」以上の出資がされている場合には、打切発行が認められているのでそのまま設立することができる。なお、払込みは、不正を防止し払込みの確実を図るために払込取扱金融機関に対して行い、発起人は、その金融機関に対し、株式払込金保管証明書の交付を請求することができる（会社64条1項）。

ただし、預合や見せ金による会社設立の弊害を防止するため、払込金融機関は交付証明した金額について、実際に払込みがなかったことまたは払込金の返還について制限があることをもって、成立後の株式会社に対して払込金の返還を拒むことはできない

(会社64条2項)。

なお、預合とは、発起人が払込取扱金融機関からの借入金を株式払込金に充当し、会社の預金としておき、借入金を返済するまでは会社がその預金を引き出さないことを約束する行為をいう。これに対し、見せ金とは、発起人が払込取扱金融機関以外の者からの借入金を株式払込金に充て、会社成立後に保管金を引き出して借入金の返済に充てることをいう。

③ 創立総会

募集設立の場合には、発起人は、払込期日または払込期間の末日以後、遅滞なく、出資を履行した発起人または払込みを行った設立時募集株式の引受人で構成される創立総会を招集しなければならない（会社65条1項）。

創立総会は会社設立後の株主総会にあたり、次の事項が決議される。(a)設立事項の発起人報告（会社87条）、(b)設立時取締役等の選任（会社88条・90条）、(c)設立時取締役等による調査報告（会社93条）、(d)定款変更（会社96条）、(e)株式会社設立廃止の決議（会社66条）。そして、発起設立の場合同様、設立時代表取締役、設立時代表執行役等の選定または解職が行われる（会社47条・48条）。

(3) 設立登記

株式会社は、本店所在地で設立登記を行うことにより成立する（会社49条）。したがって、発起設立においては、設立時取締役等の設立手続の調査が終了した日または発起人が定めた日のいずれか遅い日から2週間以内（会社911条1項）、募集設立においては、創立総会の終結の日または種類創立総会の決議の日のいずれか遅

い日から2週間以内に設立登記を行わなければならない（会社911条2項）。

なお、登記すべき事項は、定款に記載される事項のうち公示すべき事項のほか、本店支店の所在場所、発行済株式の総数・種類・数、資本金の額、取締役等の氏名、代表取締役の氏名・住所、責任限定契約ある社外取締役等の氏名、公告方法などである（会社911条3項）。

4 設立関与責任

設立関与責任とは
　発起人・設立時取締役・設立時監査役は、設立に関してどのような責任を負うのだろう。
　発起設立の場合と募集設立の場合で、財産価格てん補責任が異なるのはなぜだろう。

株式会社の設立時の違法行為や不正行為については、設立時募集株式の引受人（株主）や会社債権者保護の観点から、発起人、設立時取締役、設立時監査役の責任について、次のように規定されている。

(1) 会社成立の場合

① 財産価格てん補責任
現物出資・財産引受けの財産の価額が、株式会社の成立時における定款に記載されまたは記録された価額に比べて著しく不足す

る場合には、会社に対して、発起人と設立時取締役は連帯して不足額のてん補責任を負わなければならない（会社52条1項）。ただし、検査役の調査を受けた場合、現物出資者または財産の譲渡者以外の発起人と設立時取締役は、不足額の支払義務を負わなくてよい（会社52条2項1号）。

なお、発起設立の場合、発起人および設立時取締役については過失責任である（会社52条2項2号）。しかし、募集設立の場合には、職務を行うについて過失がない場合でも、募集株主に対する責任は重大であることから無過失責任を負う（会社103条1項）。

また、現物出資・財産引受けについて相当であると証明・鑑定評価した者（弁護士、弁護士法人、公認会計士、監査法人、税理士、税理士法人、不動産鑑定士）は、無過失を立証した場合を除き、発起人および設立時取締役と連帯して不足額の支払義務を負わなければならない（会社52条3項）。なお、総株主の同意があれば、その責任は免除される（会社55条）。

② 任務懈怠責任

発起人、設立時取締役または設立時監査役は、株式会社設立について任務を怠り会社に損害を与えた場合には、会社に対して連帯して損害賠償の責任を負わなければならない（会社53条1項）。

また、発起人、設立時取締役または設立時監査役が、その職務を行うについて悪意または重過失があったときは、第三者に対して連帯して損害賠償責任を負わなければならない（会社53条2項・54条）。この責任は総株主の同意があれば免除される過失責任である（会社55条・424条・429条）。

③ 擬似発起人の責任

株式募集の広告その他募集に関する書面または電磁的記録に自己の氏名または名称および株式会社の設立を賛助する旨の記載または記録を承諾した者は、第三者を信頼させる外観をつくった帰責事由があり、一般公衆の信頼を保護する必要性から、定款に発起人として署名しない場合でも、発起人とみなして発起人と同様の責任を負う（会社103条2項）。

(2) 会社不成立の場合

設立時発行株式全額の払込みがない場合や、創立総会において設立廃止が決議された場合など、会社が成立せず、設立登記にまで至らなかった場合を会社不成立という。発起人の会社設立に関してした行為は、発起人全員（擬似発起人を含む）が連帯して無過失責任を負い、定款の定めにかかわらず、発起人は設立費用をすべて負担しなければならない（会社56条）。また、株式引受人に対する払込金の返還をしなければならない。

5 設立無効と会社の不存在

point！

設立無効と会社の不存在とは

会社が設立登記され成立している場合でも、設立無効になるのだろうか。

会社の活動中に設立無効となった場合には、第三者との既往の取引はどのような取扱いがなされるのだろう。

(1) 設立無効

① 設立無効原因

株式会社の設立登記がなされ、会社が成立していても、(a)定款の絶対的記載事項が欠けている場合または違法な記載がある場合（会社27条）、(b)定款に公証人の認証がない場合（会社30条1項）、(c)株式発行事項に関し発起人全員の同意がない場合（会社32条）、(d)設立登記が無効の場合（会社49条）、(e)創立総会の招集がない場合（会社65条1項）などの設立無効原因により、その設立手続に瑕疵があれば設立は無効である。

② 設立無効の訴え

設立無効の訴えは、会社成立の日から2年以内に（会社828条1項1号）、会社の本店所在地を管轄する地方裁判所に対し（会社835条）、株主、取締役、業務監査権限を有する監査役、執行役、清算人が提起することができる（会社828条2項1号）。

なお、設立無効の判決が確定したときは、当事者ばかりでなく第三者に対しても効力が及ぶ対世効を有し（会社838条）、会社の解散に準じて清算を行う必要がある（会社475条2号）。しかし、判決には遡及効がなく、第三者との既往の取引については影響しない（会社839条）。

つまり、会社はすでに活動を開始しているので、設立無効となった場合には、会社と取引する善意の第三者の取引の安全を害し、法律関係の混乱を招くことになる。そこで、取引の安全と法的混乱の防止の観点から、善意の第三者との既往の取引の効力については影響を及ぼさないものと規定されている。

さらに、裁判所は、被告の会社が、原告株主の訴えの提起が悪

意によるものであることを疎明した場合には、被告会社の申立てにより、設立無効の訴えを提起した株主または設立時株主に対し、相当の担保の提供を命ずることができる（会社836条1項・3項）。

(2) 会社の不存在

　設立手続が仮装の場合や、設立登記はしているが会社としての実体がない場合には、その会社は不存在であり、特に訴えによることなく、誰でも、いつでも、不存在の主張をすることができる。

第3章

株式会社の資金調達

　株式会社の設立・運営のためには資金が必要である。資金には、会社の事業活動で得た利益を会社内部に蓄積しておいて資金需要に充てる内部資金と、金融機関からの借入れまたは株式や社債を発行して、投資家から直接資金を調達して必要資金に充てる外部資金がある。

　また、株式会社が調達した資金は、返済の有無により他人資本（金融機関からの借入れ、社債）と自己資本（株式）に分けることができる。以下では、株式会社の資金調達方法として、会社法において定めのある、株式、新株予約権および社債について解説する。

1 株式

(1) 株式とは

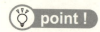

株式とは
　株式会社における株式には、どのような意味があるのだろう。
　株式会社と株主は、どのような関係にあるのだろう。

　株式とは、割合的単位に細分化された社員（出資者）の地位をいい、株式の所有者を株主という。個性のない多くの者が出資者として会社に参加しても、会社と株主の間の法律関係を画一的に簡明に処理することができ、株式の譲渡が円滑に行われることにより会社の資金調達が便利である。なお、株主は会社の所有者であるが、会社の財産を直接所有するものではなく、資本を所有し経営を支配することを意味する。

　さらに、各株主は複数の株式を所有することができ、持株数に応じた個数の株主の地位を所有することになる。したがって、剰余金や残余財産の分配は持株数に応じて行われ（会社454条・504条）、意思決定も持株数に応じた多数決によりなされる（持分複数主義）（会社309条）。これに対し、合名会社および合資会社の無限責任社員は、出資額に応じて大きさの異なる1個の地位をもつことになる（持分単一主義）。

　なお、株式は、株主の地位であり持分の単位であるので、1個の株式を数人に分割譲渡することはできない（株式不可分の原則）。ただし、1個または数個の株式を数人で共有することは可能であ

る。

　また、募集株式が発行されると、原則として払込額または給付額が資本金に組み入れられるので、株式会社の資本金は、設立または株式の発行に際して、株主となる者が株式会社に対して払込みまたは給付をした金額である（会社445条1項）。

　しかし、例外として、払込額または給付額の2分の1を超えない額を資本金として計上しないことも認められている。この場合、資本準備金として計上することになる（会社445条2項・3項）。したがって、資本金と株式の関係は自由な関係となり、資本金の金額と株金総額は不一致となることから、資本金と株式の関係は切断されている。

(2) 株主の権利と義務

point！

株主の権利と義務とは
　株主の権利と義務には、どのようなものがあるのだろう。
　株主平等の原則の例外は、なぜ認められているのだろう。

① 株主の権利

　株式会社に対して株主は権利義務を有するが、株主の権利は、自益権と共益権、単独株主権と少数株主権、固有権などに分類される。

　(イ) 自益権と共益権

　剰余金の配当受領権（会社454条）、残余財産の分配受領権（会社504条）のほか、新株予約権（会社241条）、株式買取請求権（会

第3章　株式会社の資金調達

社116条・469条・785条）など、株主が会社から経済的利益を受けることを目的とした権利を自益権といい、株主自身の利益のために行使する権利である。

これに対し、共益権は、株主が会社の経営に参加することを目的とした権利であり、会社の利益のために行使する権利である。これには、株主総会における議決権（会社308条）のほか、株主提案権（会社303条）、株主総会招集請求権（会社297条）、総会検査役選任請求権（会社306条）、業務財産調査のための検査役選任請求権（会社358条）、株主総会決議取消権（会社831条）、役員（取締役・会計参与・監査役）解任請求権（会社854条）、代表訴訟提起権（会社847条）、取締役の違法行為差止請求権（会社360条）、帳簿閲覧請求権（会社433条）、解散判決請求権（会社833条）などがある。

しかし、剰余金の配当（自益権）は、株主総会の議決権（共益権）行使により決定されるものであり、自益権も共益権も株主自身の利益のための権利であることには変わりない。このような考え方を社員権論という。

㈡　単独株主権と少数株主権

持株数に関係なく1株を有する株主でも単独で行使できる権利を単独株主権といい、自益権はすべて単独株主権に該当する。これに対し、権利濫用防止の観点から、総株主の議決権の一定割合または発行済株式総数の一定数以上を有する株主だけが行使できる集合性のある権利を少数株主権という。共益権には単独株主権と少数株主権があり、株主総会議決権、株主総会決議取消権、代表訴訟提起権などは単独株主権である。

なお、単独株主権のうち、株主総会における議決権行使に関連する議決権行使書面・代理権を証する書面等の閲覧・謄写請求権

については、議決権行使の適正を確保するためのものであり、議決権制限株式を有する株主についてはこれを認めないが（会社310条7項本文かっこ書）、株主総会の議事録および提案事項について株主全員の同意による株主総会決議省略の同意の書面または電磁的記録については、議決権の有無を問わず閲覧・謄写の請求権を有する（会社318条4項・319条3項）。

　一方、少数株主権は、総会検査役選任請求権については総株主の議決権の100分の1以上を有することを要件とし、株主総会招集請求権、業務財産調査のための検査役選任請求権、役員解任請求権、帳簿閲覧請求権などは、総株主の議決権の100分の3以上の議決権を有する株主、解散判決請求権は総株主の議決権の10分の1以上の議決権を必要とし、株主提案権を行使するには総株主の議決権の100分の1以上または300個以上を要件としている。

　しかし、少数株主権の中には、議決権の有無や定款の定めにより制限することが適当ではない株主固有の権利もあることから、業務財産調査のための検査役選任請求権、役員解任請求権、帳簿閲覧請求権および解散判決請求権の行使要件は、上記の議決権割合または発行済株式の100分の3以上および10分の1以上の数の株式を有する株主を要件とする株式数割合も基準とする（会社358条・433条・833条・854条）。この場合、総株主の議決権には、議決権を行使することができない株主が有する議決権（自己株式、相互保有株式、単元未満株式の議決権）を算入しない。さらに、発行済株式から自己株式は除かれる。

　なお、株主総会に関連する少数株主権については、議決権行使の機会を確保するためのものであり、議決権を有する株主の少数株主権は定款をもっても奪うことができない反面、行使要件を引き下げることを定款で定めることは可能である（会社303条2項・

426条7項)。

また、少数株主権は、複数の株主の持株数の合計が、総株主の議決権の一定割合または一定数以上であれば行使できる権利である。ただし、共益権のうち単独株主権である代表訴訟提起権と取締役の違法行為差止請求権、および総株主の議決権の一定割合または発行済株式総数の一定数以上を要件としている少数株主権については、濫用防止のため6か月前から引き続き株式の保有を要件としている。しかし、非公開会社においては、株主は人的信頼関係があり、株式を譲り受けるためには会社の承認を必要とすることから、6か月間の保有期間制限の必要性はない(会社297条2項・303条3項・305条2項・360条2項・422条2項・479条3項・522条3項・847条2項・854条2項)。

(ハ) 固有権

株主総会の多数決濫用から株主を守るため、株主総会の決議によっても奪うことができない株主の利益に関する権利を固有権という。これに対し、株主総会の多数決で奪うことができる権利を非固有権というが、非固有権かどうかは法の解釈によればよく、適宜判断することになるが、株主の権利を保護する規定が多く存在することから、それほど大きな意義をもつものではなくなった。

② 株主の義務

株主有限責任の原則により、株主は、株式の引受価額を限度として出資義務を負うだけで、それ以外は責任を負わない(会社104条)。また、株式の払込みは現金によることが原則であり、現物出資の場合を除き、代物弁済は認められない。なお、小切手による場合には、小切手の決済があってはじめて払込みが完了する。さらに、募集株式の引受人は、出資履行の債務と株式会社に対す

る債権とを相殺することはできない（会社208条3項）。これは、会社が金銭による払込みを定めたにもかかわらず、引受人が会社の意思に反して相殺することを禁止したものである。

③ 株主平等の原則

　株主平等の原則とは、株主の所有株式数を基準とし、各株式の内容は同一であり、同一の扱いを受け、多数決濫用や取締役の恣意的な権利行使の危険から保護されなければならないとする原則をいう。もっとも、株主優待制度のように不利益を受ける株主が、不平等に同意するのであれば差し支えない。

　しかし、会社法は、株主平等の原則の例外規定として、共益権のうちの株主監督是正権について、総株主の議決権の一定割合または発行済株式総数の一定数以上の株式を有する株主や6か月前から引き続き株式を保有している株主にだけに限定している。

　さらに、資金調達の便宜を図り、敵対的買収に対する防衛のために、さらには、事業承継の円滑化を図るために、株主平等の原則の例外として、優先株式、普通株式、劣後株式、議決権制限株式、譲渡制限株式、取得請求権付株式、取得条項付株式、全部取得条項付種類株式、種類株主総会による拒否権付種類株式（黄金株）、種類株主総会での役員選任権付種類株式など権利内容の異なる株式を認めている（会社108条1項）。

　また、株主は、その有する株式につき剰余金の配当受領権、残余財産の分配受領権、株主総会における議決権等を有し（会社105条1項）、株式会社は、株主を、その有する株式の内容および数に応じて、平等に取り扱わなければならない（会社109条1項）。

　しかし、非公開会社においては、株主の権利につき株主ごとに

異なる取扱いを行う旨を定款で定めることが認められている（会社109条2項）。その旨の定款の定めがある場合には、株主保護の観点から、その定めに係る株主を権利内容の異なる種類株式を有する種類株主とみなし（会社109条3項）、1株複数議決権や保有株式数にかかわらず1人1議決権や株主全員同額配当とすることができる。

このような株主平等の原則の例外規定に定款を変更する場合には、株主の利益を保護するために、総株主の半数以上であって、総株主の議決権の4分の3以上に当たる多数決をもって行う株主総会の特殊決議によらなければならない（会社309条4項）。

(3) 株式の種類

株式の種類とは
どのような必要性から、株式に種類があるのだろう。
どんな種類の株式でも、いつでも発行できる要件とは、何だろう。

株式の権利内容は、株主平等の原則により同一であるが、あらかじめ定款に定めておくことにより、株主平等の原則の例外として、投資に対する多様化に応じ、資金調達の便宜を図り、または支配関係の多様化に応じて、敵対的買収に対する防衛のために、さらには中小会社の支配権争いを避けるための種類株の活用による事業承継の円滑化を図るために、権利内容の異なる複数の種類の株式の発行を認めている（会社108条1項・2項）。

① **優先株式、普通株式、劣後株式**

剰余金の配当や残余財産の分配について、他の種類の株式より有利な内容により優先的に取り扱われる株式を優先株式といい、標準となる株式を普通株式、他の株式より劣後する株式を劣後株式という（会社108条1項1号・2号）。

優先株式は、業績不振な会社であっても資金調達を容易にすることができ、劣後株式は、会社に対する資金援助のために発行される場合や、特別の便益を受ける者に発行し資金を調達することを可能とする株式である。このように資金調達の便宜から認められた株式である。

② **議決権制限株式**

株主総会において、議決権を行使できる事項につき異なる定めをした種類株式を発行することが認められている（会社108条1項3号）。議決権がまったくない完全無議決権株式や一定の事項にのみ議決権を制限された一部議決権制限株式を総称して議決権制限株式という。

なお、公開会社においては、少数の議決権のある株式の株主により実質的に会社を支配されることを防止するために、議決権制限株式の総数が発行済株式総数の2分の1を超えるときには、直ちに、2分の1以下にすることが義務付けられている（会社115条）。

しかし、人的信頼関係が強固な非公開会社においては、発行限度の制限はなく、1株だけに議決権があれば他の株式はすべて無議決権株式でもよい。

このように議決権制限株式は、議決権の行使には関心がなく配当に期待する株主と、株主総会の費用を節約できる会社にとって好都合の株式であるといえる。一方、中小企業の事業承継対策と

敵対的企業買収防衛策として有効に活用されている。

③ 譲渡制限株式

会社が発行するすべての株式またはある種類株式についてのみ、譲渡によるその株式の取得について、会社の承認を必要とする旨を定款で定めた譲渡制限株式を発行することができる。なお、株主間の譲渡については、会社が譲渡の承認をしたものとみなす旨を定款で定めることもできる（会社107条1項1号・2項1号・108条1項4号・2項4号）。

ただし、ある種類株式を譲渡制限とするには、その種類株式の株主総会の特殊決議を必要とし（会社111条2項・324条3項）、反対株主は株式買取請求権を有する（会社116条1項2号）。

なお、譲渡制限のある株式と譲渡制限のない株式の両方を発行することができ、非公開会社に変更する場合や、敵対的企業買収防衛策として活用されている。

④ 取得請求権付株式

資金調達の便宜から、株主が、会社の発行する株式の全部または一部の買取りを請求することができる株式を取得請求権付株式といい（会社2条18号・107条1項2号・108条1項5号）、その取得の対価として、定款の定めにより、その会社の他の株式、社債、新株予約権、新株予約権付社債、その他の財産を交付することができる（会社107条2項2号・108条2項5号ロ）。

⑤ 取得条項付株式

会社に一定の事由が生じた場合に、会社が株式を取得することができる旨を定款で定めている株式を取得条項付株式といい（会

社2条19号・107条1項3号・108条1項6号)、その取得対価として、定款の定めにより、その会社の他の株式、社債、新株予約権、新株予約権付社債、その他の財産を交付することが認められている(会社107条2項3号・108条2項6号ロ)。

ただし、ある種類株式を取得条項付株式とするときは、その種類株式の強制取得を認めることを意味する。そこで、種類株主の利益保護の観点から、その旨を定款に定めるか、その種類株主全員の同意により定款を変更しなければならない(会社111条1項)。

なお、一定の事由が生じた場合には、会社は、遅滞なく、株主および登録株式質権者に通知または公告すればよく、株主総会(取締役会設置会社にあっては、取締役会)の決議をしなくても株式を取得することができる(会社170条3項・4項)。

⑥ 全部取得条項付種類株式

株主総会の特別決議によってその種類株式の全部を有償または無償で取得できる旨を定款に定めている株式を全部取得条項付種類株式といい(会社108条1項7号・2項7号)、取得対価としては、株主総会の決議により、その会社の株式、社債、新株予約権、新株予約権付社債、その他の財産を交付することができる(会社171条1項)。

なお、取締役は、その株主総会において、全部取得条項付種類株式の全部を取得することを必要とする理由を説明する義務がある(会社171条3項)。なお、反対株主には、株式買取請求権が認められている(会社116条1項2号)。

これにより、他の種類株式等に強制的に転換できる種類株式を発行できることになり、敵対的買収への対抗策として活用することもできるが、100%減資を可能とすることを目的として導入さ

れた株式である。

⑦ 拒否権付種類株式（黄金株）

拒否権付種類株式とは、株主総会、取締役会、清算人会において決議すべき事項のうち、その決議のほか、その種類株主を構成員とする種類株主総会の決議があることを必要とする旨を定めた株式をいう（会社108条1項8号・323条）

つまり、その種類株主総会の決議がないと、株主総会決議は効力を生じないので、この種類株主には拒否権が認められるということになる。

⑧ 役員選任権付種類株式

役員選任権付種類株式とは、種類株主総会において、取締役または監査役を選任することを定めることができる株式をいう（会社108条1項9号）。なお、指名委員会等設置会社および公開会社においては、この種類株式を発行することは認められない（会社108条1項ただし書）。

(4) 株券と株主名簿

株券と株主名簿とは

株券が善意取得された場合、所有者は誰だろう。
株主名簿の役割とは、何だろう。

① 株　券

(イ)　株券とは

　株券は、株主の地位（株主権）である株式を表章する有価証券であり、株券には、必要事項を記載し、代表取締役（指名委員会等設置会社においては、代表執行役）がこれに署名し、または記名押印しなければならない。株券に記載すべき事項を記載しなかった場合や、虚偽の記載をした場合には、100万円以下の過料が科される（会社976条15号）。なお、株券に記載した事項に変更が生じた場合には、株券の記載を訂正しなくても株券は無効になるわけではない。

　また、有限会社制度を廃止して株式会社に統合したため、株券を発行する株式会社と株券に相当するものが発行されなかった有限会社との調整を図る必要性が生じたこと、および株式会社であっても非公開会社については、株式取引自体があまり行われないことから株券を発行する必要性が乏しく、実際に株券が発行されていない場合が多いことに鑑み、株券を発行する旨の定款の定めがある場合にのみ株券を発行できるものとし、原則として、株券は発行しないものとした。

　ただし、定款で特定の種類の株式についてだけ株券を発行する旨を定めることはできないが、すべての種類の株式について株券を発行する旨の定めを置くことは認められる（会社214条）。このように株券を発行する旨の定款の定めがある株式会社を株券発行会社という（会社117条7項）。

　株券発行会社は株式を発行した日以後、遅滞なく株券を発行しなければならないが（会社215条1項）、株券の発行を不当に遅滞している場合には、会社に対する関係においても有効とされる（最大判昭47・11・8民集26巻9号1489頁）。なお、非公開会社に

おいては、定款で株券を発行する旨を定めていても、株主から請求があるときまでは株券を発行しないことができる（会社215条4項）。

株券発行会社は、株券を発行する旨の定款の定めを廃止する定款の変更をしようとするときは、その定款変更の効力が生ずる日の2週間前までに、その旨、その効力発生日および株券が無効となる旨を公告し、かつ、株主および登録株式質権者に各別に通知しなければならない（会社218条1項）。

㈣　株券不所持制度

株券発行会社の株主の中には、株式を譲渡する意思がなく株券を所持したくない者もいる。そこで、株券不所持の制度により、株主は、会社に対し株券の所持を希望しない旨を申し出ることができる（会社217条1項）。この場合、会社は遅滞なく株券を発行しない旨を株主名簿に記載または記録しなければならない（会社217条3項）。

株券を喪失した場合に善意取得されることがあるので、この制度により株券を安全に保有することができ、株主名簿に記載しておけば株主権の行使もできるようにしたのである。また、株券不所持を申し出た株主は、いつでも会社に対し株券の発行を請求することができる（会社217条6項）。

②　株券の善意取得と喪失

㈎　株券の善意取得制度

株券の善意取得制度とは、実際には無権利者であっても、取引の円滑かつ安全の観点から、株券占有者は適法な所持人と推定されるので（会社131条1項）、権利者としての外観を有する株券占有者である譲渡人から株式を譲り受けた場合、譲受人は善意また

は軽過失である限り株主の権利者となることができる（会社131条2項）という制度である。

　(ロ)　株券喪失と株券喪失登録制度

　株券喪失登録制度とは、株券喪失前の株券所有者が株券発行会社に対して株券喪失登録簿に記載しまたは記録することを請求でき（会社223条）、会社は株券喪失登録簿に喪失登録をして、株主名簿上の株主と質権者に遅滞なく通知する（会社224条1項）。喪失登録された株券が権利行使のために会社に提出されたときは、会社は提出者に対し株券喪失登録がされている旨を遅滞なく通知しなければならない（会社224条2項）。ただし、喪失登録された株券の名義書換および会社への権利行使は行うことはできない（会社230条）。

　さらに、株券の善意取得者は、喪失登録された日の翌日から起算して1年以内に限り喪失登録に対し登録末梢を申請でき、申請があったときには会社は株券喪失前の株券所有者に遅滞なく通知し、提出された株券を2週間後に株券の善意取得者に返還し喪失登録を抹消しなければならない（会社225条）。これにより株券喪失前の株券所有者と株券の善意取得者は、通常の裁判を行うことになる。

　なお、登録抹消申請がなかった場合には、喪失登録された株券は登録日の翌日から1年後に無効となり、会社は株券喪失登録者に対し株券を再発行しなければならない（会社228条）。

③　株主名簿

　(イ)　株主名簿の意義と効力

　絶えず変動する多数の株主を確認して、株主および株式と株券に関する事項を明確にするために、会社法は株主名簿の作成を要

請している。株主名簿には、株主の住所・氏名、株式の種類と数などの法定事項を記載しまたは記録しなければならないが、電磁的記録をもって作成することもできる（会社121条・122条）。

また、株主名簿は本店に備え置かなければならないが、株主名簿管理人の営業所に備え置くこともでき（会社125条1項）、株主および会社債権者は営業時間内ならいつでも請求の理由を明らかにし閲覧・謄写することができる（会社125条2項）。

なお、株主名簿の閲覧・謄写の請求については、(a)請求者（株主または債権者）の権利の確保または行使に関する調査以外の目的で請求を行ったとき、(b)請求者がその株式会社の業務の遂行を妨げ、または株主の共同の利益を害する目的で請求を行ったとき、(c)請求者が株主名簿の閲覧または謄写によって知り得た事実を、利益を得て第三者に通報するため請求を行ったとき、(d)請求者が、過去2年以内において、株主名簿の閲覧または謄写によって知り得た事実を、利益を得て第三者に通報したことがあるものであるとき、のいずれかに該当する場合には拒絶することできるが、拒絶する理由の立証責任は会社が負うものと解される（会社125条3項・252条3項・684条3項）。

また、株式を譲渡した場合には、株式の譲受人が氏名または名称および住所を株主名簿に記載しまたは記録する名義書換をしなければ、株式会社その他の第三者に対して対抗することはできない（会社130条1項）。さらに、株式会社が質権者の氏名または名称および住所を株主名簿に記載しまたは記録したときは、登録質として特別の効力を有し（会社152条）、登録株式質権者は金銭の分配を受け、他の債権者より先に自己の債権の弁済に充てることができる（会社154条1項）。

株主に対する通知または催告は、株主名簿に記載しまたは記録

した株主の住所または会社に通知した宛先にすればよく（会社126条1項）、政令に従い株主の承諾を得て電磁的方法により行うこともできる（会社126条5項）。この通知または催告は到達しなかった場合でも到達したものとみなされるが（会社126条2項）、会社の過失による場合は、この規定の適用はない（東京控判昭11・8・31新聞4058号14頁）。

なお、継続して5年間この通知および催告が到達しなかったときはそれ以後行う必要はないが（会社196条1項）、株主および登録株式質権者に対する金銭等の支払などの会社の義務の履行場所は会社の住所地となる（会社196条2項・3項）。

(ロ)　所在不明株主の株式売却制度

株主権を行使しない株主がいつまでも存在することから、所在不明株主を整理し、株式事務の合理化に資することを目的とした株式売却制度とは、株主および登録株式質権者に対する通知・催告が継続して5年間未到達である場合、または、剰余金の配当を継続して5年間受領していない場合には、会社（取締役会設置会社は取締役会決議）は、その株式を競売または自己株式取得し、代金を従前の株主に交付することができるとする制度である（会社197条）。

この場合、株主その他の利害関係人に対し3か月を下回らない一定期間内に異議を申し述べる旨を公告し、株主および登録株式質権者の株主名簿に記載または記録した住所、会社に通知した宛先に対し催告しなければならない（会社198条1項・2項・3項）。この期間内に異議の申立てがなかったときにはこの株券は無効となる（会社198条5項）。

(ハ)　株主名簿の基準日

株主名簿の記載は株主の移動により絶えず変動しているので、

会社は株主または登録株式質権者を確定する必要がある。そこで、株主名簿の記載または記録は変更するが、一定の日（基準日）において、株主名簿に記載または記録のある株主もしくは登録株式質権者をもって権利行使者とみなす制度を基準日の制度という（会社124条1項・5項）。基準日は権利行使日の前3か月内に定めなければならない（会社124条2項）。したがって、株主総会は、決算日の翌日から起算して3か月以内に開催されなければならない。

また、基準日株主の権利を害しない限り、株式会社の判断により、基準日後に株式を取得した者の全部または一部を議決権の行使をできる者と定めることができる（会社124条4項）。これにより、第三者割当増資を行った場合に、増資が基準日後であっても、新株引受人は議決権を付与され、株主総会で議決権の行使を行うことができる。なお、基準日株主は、その有する株式の取得時期にかかわらず同一の配当を受けることができる。

㈡　株主名簿管理人

株主名簿管理人とは、会社の手数と費用を省くために株式の名義書換（電磁的記録を含む）、質権登録、株主総会の招集通知、剰余金の支払業務、新株発行事務その他の株式事務を代行するものであり、信託銀行、証券代行会社が委託を受けて行っている。株式の名義書換その他の株主名簿に関する事務については、会社の住所地で行うのが原則であるが、定款で株主名簿管理人に委託することができる（会社123条）。

(5) 株式の譲渡・担保・取得

> **point!**
>
> **株式の譲渡・担保・取得とは**
> なぜ、株式の譲渡制限をする必要があるのだろう。
> 自己株式を取得するメリットは、何だろう。

① 株式譲渡の自由

　株式会社においては、株主の有限責任により会社債権者にとっては会社財産が担保となることから、株主は会社から出資の払戻しを受けることは認められていない。さらに、会社の解散や資本減少など以外に、払戻しを伴う退社制度もないことから、株主が投下資本を回収する方法としては株式を譲渡するしかない。

　そこで、会社法は、投下資本の回収を保障するために、原則として、株主が保有する株式を他人に自由に譲渡できる株式の自由譲渡性を認めている（会社127条）。しかし、株主の個性が重視され、人的結合の強い非公開会社の株式については、すべての株式に譲渡制限が付されている。

② 株式の譲渡制限

(イ) 法律による株式譲渡の制限

　円滑な事務処理が混乱するのを防止する観点から、会社成立前または新株発行前における株式引受人の地位（権利株）の譲渡は、当事者間では有効であるが会社に対しては無効である（会社50条2項）。また、会社成立後または新株発行後においても株券が発行されるまでは株式を譲渡しても、当事者間では有効であるが株券

発行会社に対しては無効である（会社128条2項）。

(ロ) 定款による株式譲渡の制限

株式会社は、発行する全部または他の種類の株式の内容として、譲渡による株式の取得について、株式会社の承認を要する旨を定款で定めた譲渡制限株式を発行することができる（会社107条1項1号・2項1号・108条1項4号・2項4号）。これは、わが国において大部分を占める中小会社では、株主の個性が重要視され、好ましくない者が株主となっては困る会社が多いからである。なお、譲渡制限株式と譲渡制限のない株式の両方を発行することもできる。

ただし、会社の全部の株式について、譲渡制限をする定款変更を行う場合には、株主総会の特殊決議を要し（会社309条3項）、種類株式発行後、ある種類株式について譲渡制限をする定款変更を行う場合には、その種類株式の株主を構成員とする種類株主総会（その種類株主に係る株式の種類が2以上ある場合には各種類株主総会）の特殊決議を要する（会社111条2項・324条3項1号）、

なお、譲渡制限をする定款変更に反対の株主は、会社に対し自己の有する株式を公正な価格で買い取ることを請求できる株式買取請求権が認められている（会社116条1項1号・2号）。

(ハ) 譲渡承認

譲渡制限株式の株主は、その有する譲渡制限に係る株式を他人に譲渡しようとするときは、株式会社に対して譲渡についての承認を請求することができる（会社136条・262条）。

さらに、譲渡制限株式を取得した者は、株式会社に対し取得についての承認を請求することができる（会社137条1項）。この場合、会社が譲渡を承認しても、名義書換請求がなされない場合の不都合を避けるために、譲渡承認請求と名義書換請求を名義書換

請求手続に一本化し、譲渡制限株式取得者は、その取得した株式の株主として株主名簿に記載もしくは記録された者、またはその相続人その他の一般承継人と共同して請求手続をしなければならない（会社137条2項）。

なお、譲渡制限株式および譲渡制限新株予約権の譲渡または取得の承認を決定するのは、取締役会または株主総会であるが、承認権限を代表取締役に委任する等、定款に別段の定めをすることもできる（会社139条1項・265条1項）。

(二) 会社または指定買取人による買取り

譲渡制限株式の譲渡者または取得者は、株式会社が承認をしない旨を決定する場合には、その会社に対し、その会社または指定買取人が譲渡制限株式を買い取ることを請求することが認められている（会社138条1号ロ・2号ハ）。

また、その会社が買取請求を受けた場合には、株主総会の特別決議により譲渡制限株式を買い取るか（会社140条1項・2項）、指定買取人を取締役会の決議または株主総会の特別決議により指定しなければならないが、定款であらかじめ定めておくこともできる（会社140条4項・5項）。

なお、株式会社が譲渡制限株式の買取りを決定したとき、または、指定買取人が指定を受けたときは、承認請求者に対し通知する必要がある（会社141条1項）。ただし、その会社が、請求の日から2週間以内に通知をしなかった場合、または譲渡等の承認の決定に係る通知の日から40日以内に、その会社による買取りの通知をしなかった場合（指定買取人が決定の通知の日から10日以内に買取りの通知をした場合を除く）、その他法務省令で定める場合には、譲渡等の承認の決定したものとみなされる（会社145条、会社施規26条）。

(ホ) 売渡請求権

会社は、相続や合併によりその会社にとって好ましくない者に譲渡制限株式が承継された場合には、株式を取得した者に対し、その株式を会社に売り渡すことを請求することができる旨を定款に定めることができる(会社174条)。売渡請求をしようとするときは、その都度、株主総会の特別決議によりその株式の種類、数、その株式を有する者の氏名または名称を定める必要がある(会社175条1項)。

ただし、その株式の買取総額は、分配可能額を超えることはできない(会社461条1項5号)。なお、その会社が相続その他の一般承継があったことを知った日から1年を経過したときは、売渡請求をすることはできない(会社176条1項ただし書)。

また、株式会社の特別支配株主(株式会社の総株主の議決権の10分の9以上を有する株主)は、その株式会社の株主の全員に対し、その有する株式会社の株式の全部を売り渡すことを請求することができる。ただし、特別支配株主完全子会社に対しては、その請求をしないことができる(会社179条1項)。この規定により、特別支配株主は株主総会の特別決議を経ることなくキャッシュ・アウトすることができる。

③ 株式担保

(イ) 株式の質入れ

株式の質入れの方法には略式質と登録質がある。略式質による株式の質入れは、その株式に係る株券を交付しなければその効力がなく、当事者間の合意により質権設定がなされ(会社146条)、質権者は、継続してその株式に係る株券を占有しなければ、その質権をもって株券発行会社その他の第三者に対抗することはでき

ない（会社147条2項）。この場合、株券発行会社には、その株式が質入れされているかどうかはわからない。

これに対し、登録質とは、株主名簿上の株主である質権設定者が、株券を引き渡すことなく株式会社その他の第三者に対抗するために、株式会社に対し、質権者の氏名・名称・住所を株主名簿に記載または記載することを請求することにより質権を設定することをいい（会社147条1項・148条）、登録株式質権者は、剰余金の配当、残余財産の分配、株券の引渡しなどを受けることができ（会社151条・152条・153条）、これらの金銭を受領し、他の債権者に先立って自己の債権の弁済に充てることができる（会社154条1項）。

(ロ) 株式の譲渡担保

株式の譲渡担保には、略式譲渡担保と登録譲渡担保があり、担保権者の権利については、略式質や登録質と同様と解されている。株式の譲渡担保は、株券を担保として担保権者に交付し占有させるが、債務が弁済されれば株式は担保権設定者に返還されるので略式質と変わらない。しかし、譲渡担保の場合には、担保権の実行は担保権者の任意の売却でもよく、競売による必要がないので取り扱いが便利であるといえる。

④ 自己株式（金庫株）の取得

(イ) 自己株式取得とは

自己株式とは、株式会社が有する自己の株式をいう（会社113条4項かっこ書）。自己株式の取得は、(a)出資の払戻しにより会社の財産的基礎を損なうおそれがあること、(b)特定の株主から買い取る場合には、取得方法や対価によっては株主平等の原則に反するおそれがあること、(c)相場操縦やインサイダー取引による不公

正取引のおそれがあること、(d)自己株式には議決権がないため、一般株主の議決権の数を減らすことによる経営者の会社支配に利用されるおそれがあること、などの問題点が指摘されている。

しかし、(a)株主への利益還元策、(b)株価引上効果、(c)ストックオプション制度（取締役や従業員に対し、報酬や給与の代わりに新株予約権を付与し、新株予約権の行使により株式を取得できる制度）や組織再編（合併や会社分割等）の対価としての自己株式の割当て、(d)経営比率の向上、(e)配当負担の軽減や管理コストの削減などのメリットがあることから、経済界の強い要望により、自己株式の取得および保有が原則として自由となった。なお、会社が保有した状態の自己株式を金庫株という。

㈡　自己株式を取得できる場合

会社法は、自己株式を取得できる場合を、(a)取得条項付株式を取得する場合（会社155条1号）、(b)譲渡制限株式の買取りの場合（同2号）、(c)株主総会決議により株主との合意に基づき自己株式を有償取得する場合（同3号）、(d)取得請求権付株式の取得の場合（同4号）、(e)総会特別決議に基づく全部取得条項付種類株式の取得の場合（同5号）、(f)相続人等への売渡請求に基づく譲渡制限株式の取得の場合（同6号）、(g)単元未満株式の買取りの場合（同7号）、(h)所在不明株式の買取りの場合（同8号）、(i)端数株の買取りの場合（同9号）、(j)事業の全部を譲り受けるときに、他の会社が有する株式の取得の場合（同10号）、(k)合併消滅会社からの株式承継の場合（同11号）、(l)吸収分割会社からの株式承継の場合（同12号）、(m)その他法務省令で定める場合（同13号、会社施規27条）、のように限定列挙している。しかし、(c)の株主総会の決議により、実質的に自己株式を自由に取得できることになる。

(ハ) 自己株式の取得手続

　株式会社は、会社が有償取得する自己株式の種類および数、取得対価（その会社の株式、社債、新株予約権を除く金銭等）の内容および総額、1年以内の取得可能期間を、株主総会の普通決議により決定しなければならない（会社156条1項）。ただし、自己株式を取得する際には、取締役会（取締役会設置会社）または取締役が、株主総会の決議の範囲内で、その都度、具体的に決定しなければならない（会社157条1項・2項）。

　なお、会社は、株主に対し決定内容を通知する必要はあるが、公開会社においては公告でもよく（会社158条）、通知を受けた株主は申込みを行う（会社159条1項）。また、申込総数が取得総数を超えるときは按分割合による（会社159条2項ただし書）。

(ニ) 売主追加請求権

　特定の株主から自己株式を取得する場合には、他の株主に対し、売主追加請求権を与えることを請求できる旨を通知し、株主総会の特別決議によらなければならない（会社160条1項・2項・3項）。

　ただし、特定の株主から市場価格のある自己株式を市場価格以下の価格で取得する場合、および非公開会社が、株主の相続人その他の一般承継人から自己株式を取得する場合、ならびに相続人その他の一般承継人が株主総会で議決権を行使しない場合については、株主間の不公平を招くことはないので、他の株主による売主追加請求権を認める必要はない（会社161条・162条）。

(ホ) 自己株式に対する規制

　自己株式には、剰余金の配当受領権や残余財産の分配受領権などの自益権や、議決権（会社308条2項）その他の共益権は認められていない。また、自己株式には保有期間の制限がなく、取締役会設置会社においては、取締役会決議により、いつでも自己株式

を消却することができる（会社178条）。

さらに、自己株式の処分方法として、募集株式の割当て（会社199条1項）のほか、株式無償割当て（会社185条）、単元未満株式の売渡し（会社194条3項）、新株予約権の行使による株式交付（会社282条）、組織再編（合併・会社分割・株式交換）に伴う存続会社等への株式交付（会社749条1項2号イ・758条4号イ・768条1項2号イ）、などが認められている。

しかし、自己株式の有償取得は、剰余金の分配の一類型であり、その取得総額は、分配可能額を超えてはならない（会社461条）。ただし、単元未満株式の買取り、事業の全部の譲受け、合併、吸収分割による自己株式の取得または承継の場合、組織再編行為の際の反対株主の株式買取請求権による買取りの場合については、財源規制を課す場合から除かれる。

⑤ 親会社株式取得規制

他の株式会社がその総株主の議決権の過半数を有し、経営を支配している法人として法務省令で定めるものを子会社という（会社2条3号）。つまり、親子会社関係は、議決権の過半数基準と経営の支配という実質的基準により規定され、子会社には、親会社からの一定の支配権が及ぶ外国会社を含む。

また、子会社は、原則として、その親会社である株式会社の株式（親会社株式）を取得してはならない（会社135条1項）。しかし、(a)他の会社（外国会社を含む）の事業の全部を譲り受ける場合において、その会社の有する親会社株式を譲り受ける場合、(b)合併後消滅する会社から親会社株式を承継する場合、(c)吸収分割により他の会社から親会社株式を承継する場合、(d)新設分割により他の会社から親会社株式を承継する場合、(e)そのほか法務省令で定

める場合には、例外的に取得禁止の適用をしないことを規定している（会社135条2項）。

さらに、吸収合併、吸収分割、株式交換による消滅会社等もしくは消滅会社等の株主等に対して交付する金銭等の全部または一部が存続株式会社等の親会社株式である場合には、その交付を行うために親会社株式を取得することが認められている（会社800条1項）。いわゆる三角合併の場合は、子会社が自己の新株を交付した場合、完全親子会社関係を維持できなくなるので、対価として親会社株式の交付を許容する規定である。

しかし、公正な会社支配の観点から、子会社は、相当の時期にその有する親会社株式を処分しなければならない（会社135条3項）。ただし、存続株式会社等は、組織再編行為の効力発生日までの間は、親会社株式を保有することができる（会社800条2項）。

⑥ 振替株式制度

振替株式制度とは、「社債、株式等の振替に関する法律」（平成21年1月5日施行）に基づき、上場会社について、証券保管振替機構および証券会社等の口座において電子的に管理される制度である。株式は振替株式となり、株券の発行は禁止され、対象となる既発行株券は無効となる。振替株式については、その譲渡や質入れは、譲受人や質権者の口座に譲渡株式数や質入れ株式数の増加を記載または記録することで効力が生じる。また、悪意または重過失なく、増額の記載または記録を受けた者は善意取得が認められる。

(6) 株式の併合・分割・無償割当て

> **point!**
>
> **株式の併合・分割・無償割当てとは**
> 株式の併合・分割・無償割当ての違いは、何だろう。
> 株式の併合・分割・無償割当てにより1株の大きさを変える意味は何だろう。

① 株式併合

株式併合とは、管理コストの節減、または1株あたりの利益や純資産額が増加することによる財務比率の向上、合併の際には合併比率の調整を容易にするために、10株を1株にするように複数の株式を併せてそれより少ない数の株式に変更することをいう。

また、株式併合は、少数株主が不利益となる可能性があるので株主総会の特別決議を必要とし、取締役は株主総会において、株式併合をすることを必要とする理由を開示しなければならない（会社180条）。さらに、株式併合の効力発生日の2週間前までに、株主（種類株主）および登録株式質権者に対し、株主総会の決議事項を通知または公告しなければならない（会社181条）。

株主は、株式併合の効力発生日に、その前日に有する株式（種類株式）の数に併合の割合を乗じて得た数の株式の株主となる（会社182条）。ただし、株式併合により発行済株式総数は減少するが、資本金の減少の場合を除き資産や資本金の額は変わらない。

なお、株式会社は、併合の結果1株に満たない端数が生じた場合には、原則として、端数の株式を競売して代金を交付しなければならない（会社234条1項）。ただし、市場価格のない株式につ

いては、取締役全員の同意により裁判所に許可の申立てを行い、裁判所の許可を得て競売以外の方法により売却することができる（会社234条2項）。この場合、会社が売却する自己株式の全部または一部を買い取ることもできる（会社234条4項）。

② 株式分割

株式分割とは、株価が高すぎる場合に、株式分割により株価を引き下げて株式の流通性を高めるため、または合併時には合併比率を調整し合併がスムーズに行われるようにするために、1株を10株にするように発行済株式を細分化して多数の株式にすることをいう。

株式会社は、株式の分割をしようとするときは、少数株主が不利益となる可能性がないので、その都度、株主総会の普通決議（取締役会設置会社においては取締役会決議）によって行い（会社183条）、基準日において株主名簿に記載または記録されている株主（種類株主）は、株式分割の効力発生日に、基準日に有する株式（種類株式）の数に分割割合を乗じて得た数の株式を取得する（会社184条1項）。

また、株式分割の前後を通じて会社の資産や資本金にも変化はなく、単に発行済株式数が増加するだけで株主の割合的地位は変わらない。なお、分割により1株に満たない端数が生じた場合は、株主併合の場合と同様の処理を行うことになる（会社234条）。

③ 株式無償割当て

株式会社は、株主の有する株式2株につき1株を交付するというように、株主（または種類株主）に対して新たに払込みをさせないで、株式の割当て（株式無償割当て）をすることができる（会

社185条)。その割り当てる株式数は、株主（または種類株主）の有する株式数に応じて割り当てられ（会社186条2項）、種類株主に異なる種類の株式を割り当てることもできる。

また、株式無償割当てに関する事項の決定は、定款に別段の定めがある場合を除き、株主総会の普通決議（取締役会設置会社においては、取締役会の決議）によらなければならない（会社186条3項）。さらに、株式の無償割当てを受けた株主は、その効力発生日に、割り当てられた株式の株主となり（会社187条1項）、株式会社は、割当ての効力発生日後遅滞なく、株主（または種類株主）およびその登録株式質権者に対し、株主が割当てを受けた株式数（種類株式発行会社においては、株式の種類および種類ごとの数）を通知しなければならない（会社187条2項）。

なお、株式無償割当てには、別の種類の株式を割り当てることができるというメリットがあり、株式分割と同様、会社の資産や資本金にも変化はなく、発行済株式数が増加するだけで株主の割合的地位は変わらない。

(7) 単元株制度

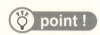

単元株制度とは
単元株制度と1株1議決権の原則には、どのような違いがあるのだろう。
単元株制度が定められた理由は、何だろう。

単元株制度とは、1株1議決権の原則の例外として、株式会社

の発行する株式について、法務省令で定める数（1,000）の範囲内における一定の数の株式をもって、株主が株主総会または種類株主総会において1個の議決権を行使することができる1単元の株式とする旨を定款で定めることができる制度をいう（会社188条1項・2項）。また、数種の株式を発行する場合は、株式の種類ごとに単元株式数を定めなければならない（会社188条3項）。

　この制度により、一定数に満たない株式の管理コストを削減することができ、単元未満株主は、その有する単元未満株式について、株主総会および種類株主総会において議決権を行使することはできない（会社189条1項）。さらに、株式会社は、(a)全部取得条項付種類株式の取得対価の交付を受ける権利、(b)取得条項付株式の取得と引換えに金銭等の交付を受ける権利、(c)株式無償割当てを受ける権利、(d)単元未満株式の買取請求権、(e)残余財産の分配請求権、(f)その他法務省令で定める権利、に関する権利以外の権利の全部または一部について、単元未満株主が権利の行使できない旨を定款で定めることができ（会社189条2項）、単元未満株主の権限を制限することになる。

　また、株券発行会社は、単元未満株式に係る株券を発行しないことができる旨を定款で定めることができる（会社189条3項）。しかし、単元未満株主は、議決権および議決権を前提とする少数株主権や総会決議取消請求権などの権利以外の他の権利は、単元株主同様にすべて有する。

　株式会社は、株式の分割と同時に単元株式数の増加または単元株式数についての定款の定めを設ける場合、分割後に株主が有する単元数が、分割前の株式数または単元数を下回らないとき、つまり、株主に不利益とならないように、各株主が有する議決権の数が減少しないときは、株主総会の決議によらないで、単元株式

数を増加し、または単元株式数についての定款の定めを設ける定款の変更をすることができる（会社191条）。

また、単元未満株主は、株式会社に対して、自己の有する単元未満株式の買取請求権を有する（会社192条1項）。さらに、株式会社は、単元未満株主が、その有する単元未満株式数と併せて単元株式数となる単元未満株式の売渡請求をすることができる旨を定款で定めることができ（会社194条1項）、この売渡請求を受けた株式会社は、相当する数の単元未満株式を有しない場合を除き、自己株式を売り渡さなければならない（会社194条3項）。

なお、株式会社は、取締役の決定（取締役会設置会社においては、取締役会の決議）により、定款を変更して単元株式数を減少し、または単元株式数について定款の定めを廃止することができる（会社195条1項）。この場合、会社は、定款の変更の効力が生じた日以後遅滞なく、その株主に対し、その旨を通知または公告しなければならない（会社195条2項・3項）。

(8) 募集株式の発行

募集株式の発行とは

会社の資金調達方法としての株式の発行と銀行借入れの違いは、何だろう。

不公正な募集株式の発行に関与した取締役等は、どのような責任を負うのだろう。

① 募集株式の発行手続

(イ) 募集事項の決定

　株式会社は、募集株式（新株の発行または自己株式の処分）による資金調達のために、募集株式の募集事項を決定しなければならない（会社199条1項）。募集事項の決定は、公開会社においては、取締役会の決議によるが（会社201条1項）、有利発行の場合には、取締役が理由を説明し、株主総会の特別決議を要する（会社199条3項）。

　なお、非公開会社では、常に、株主総会の特別決議によらなければならない（会社199条2項・3項）。さらに、種類株式発行会社において、譲渡制限株式の募集事項については、定款の定めがある場合を除き、種類株主総会の特別決議による（会社199条4項・200条4項）。

　また、公開会社は、募集事項を取締役会の決議により定めたときは、金融商品取引法による届出をしている場合、または他の株主の保護が確保される場合を除き、払込・給付の期日またはその期間の初日の2週間前までに、株主に対して募集事項を通知または公告しなければならない（会社201条1項・3項・4項・5項）。なお、非公開会社では、人的結合が強いことから、この通知または公告は必要ない。

(ロ) 株主割当てを受ける権利を与える場合

　株式会社は、定款で株主割当てについて取締役の決定または取締役会の決議で決定する旨の定めがある場合を除き、公開会社では取締役会の決議により、非公開会社においては株主総会の特別決議により、株主に募集株式の割当てを受ける権利を与えることが認められている（会社202条1項・3項）。

　この場合、株式数に応じて募集株式の割当てを行うが、1株に

満たない端数は切り捨てられる(会社202条2項)。なお、自己株式には、募集株式の割当てを受ける権利はない。また、株主割当てを決定した場合には、申込期日の2週間前までに株主に対し募集事項等を通知する義務がある(会社202条4項)。

(ハ) 申込みと割当て

株式会社は、募集株式の引受けの申込者に対し募集事項等を通知しなければならない(会社203条1項)。ただし、金融商品取引法に規定する目論見書を交付している場合、その他募集株式の引受けの申込者の保護に欠けるおそれがない場合には、通知の必要はない(会社203条4項)。

この場合、募集株式の募集に応じて引受けの申込者は、一定の事項を記載した書面を株式会社に交付しなければならないが(会社203条2項)、この書面の交付に代えて、その会社の承諾を得て、電磁的方法により提供することもできる(会社203条3項)。

さらに、株式会社は、割当自由の原則により、申込者の中から募集株式の割当てを受ける者および割当株式数を決定する必要があるが(会社204条1項)、募集株式が譲渡制限株式である場合には、株主総会の特別決議または取締役会により決定されなければならない(会社204条2項)。

この場合、会社は、申込者に対し、払込み・給付の期日またはその期間の初日の前日までに、割当募集株式数を通知しなければならない(会社204条3項)。そして、申込者は、株式会社が割り当てた募集株式の数について、募集株式の引受人となる(会社206条)。

なお、株主に募集株式の割当てを受ける権利を与えた場合、申込期日までに引受けの申込みをしなかったときは、その株主は、募集株式の割当てを受ける権利を失う(会社204条4項)。

㈡　公開会社における募集株式の割当て等の特則

　公開会社の募集株式の引受人がその子会社等と併せて総株主の議決権の2分の1を超えることとなる場合には、払込期日の2週間前までに、株主に対し、その特定引受人の氏名または名称および住所や引受後の議決権数等を通知または公告しなければならない（会社206条の2第1項・2項）。

　ただし、株式会社が、払込期日の2週間前までに金融商品取引法4条1項から3項までの届出をしている場合、その他の株主の保護に欠けるおそれがないものとして法務省令で定めている場合は通知を要しない（会社206条の2第3項）。

　しかし、その通知または公告の日から2週間以内に、総株主の議決権の10分の1以上の議決権を有する株主が、その特定引受人による募集株主の引受けに反対する旨の通知をしたときは、払込期日の前日までに、その特定引受人に対する募集株式の割当て等について株主総会の普通決議を要する。ただし、その公開会社の財産の状況が著しく悪化している場合において、その公開会社の事業の継続のため緊急の資金調達の必要があるときは、株主総会の承認は要しない（会社206条の2第4項・5項）。

② 出資の履行

　株式会社の出資は、金銭出資を原則とするが、現物出資によることを決定したときは、裁判所に対し、遅滞なく、現物出資財産の価額を調査させるために、検査役の選任の申立てをしなければならない（会社207条1項）。なお、裁判所に選任された検査役は、必要な調査を行い、調査結果を裁判所に報告することが義務付けられている（会社207条4項）。

　ただし、(a)現物出資者に割り当てる株式の総数が、発行済株式

総数の10分の1以下の場合、(b)現物出資財産の総額が500万円以下の場合、(c)現物出資財産のうち、市場価格のある有価証券の価額が市場価格以下の場合、(d)弁護士等が、現物出資財産の価額を相当とする証明をした場合、(e)株式会社に対する弁済期が到来している金銭債権を、その金銭債権に係る負債の帳簿価額以下で現物出資した場合（デット・エクイティ・スワップ）には、検査役の調査は省略できる（会社207条9項）。

なお、デット・エクイティ・スワップ（DES:Debt Equity Swap）とは、「債務の株式化」と表現され、債権者側の金銭債権を現物出資すると同時に、債務者側の金銭債務を資本に変えることをいう。弁済期が到来している金銭債権をその債権額以下で現物出資する場合には、出資と債務の弁済が同時に行われ、現物出資する債権者にとっては、弁済順位の低い株主になるが、会社が損害を受けることはないので、検査役の調査は省略できることになった。

また、募集株式の引受人は、募集事項に定められた払込み・給付の期日または期間内に、株式会社が定めた払込みの取扱いの場所に募集株式の払込金額の払込みまたは現物出資財産の給付をしなければならない（会社208条1項・2項）。なお、引受人は、出資の履行をする債務と株式会社に対する債権とを相殺することはできないが（会社208条3項）、会社から相殺することは可能である。

さらに、募集株式の引受人は、募集事項に出資の履行期日を定めている場合にはその期日、出資の履行期間を定めている場合には、その期間内における出資の履行日から募集株式の株主となるが（会社209条）、出資の履行をしないときは、募集株式の株主となる権利を失うことになる（会社208条5項）。

③ 募集に係る責任

取締役（指名委員会等設置会社においては、取締役または執行役）と通じて著しく不公正な払込金額で募集株式を引き受けた募集株式の引受人は、払込金額と公正な価額との差額の支払義務を負う（会社212条1項1号）。

また、現物出資財産の価額が募集事項に定められた価額に著しく不足する場合の募集株式の引受人、および募集に関する職務を行ったまたは議案を提案した取締役または執行役ならびに現物出資財産の価額の相当性につき証明した弁護士等は、現物出資に際し検査役の調査を受けた場合や過失がないことを立証した場合を除き、連帯して不足額の支払義務を負う（会社212条1項2号・213条）。なお、不足することにつき善意でかつ重大な過失がないときは、募集株式の引受けの申込みまたは総数引受けの契約を取り消すことができる（会社212条2項）。

さらに、募集株式の引受人が、募集株式の払込金額の払込みを仮装した場合には、払込みを仮装した払込金額の全額の支払い、または現物出資財産の給付を仮装した場合には、その現物出資財産の給付をしなければならない（会社213条の2第1項）。なお、この義務は、総株主の同意がなければ免除することはできない（会社213条の2第2項）。

また、出資の履行を仮装することに関与した取締役等（指名委員会等設置会社にあっては、執行役を含む）は、株式会社に対し、払込みを仮装した払込金額または給付を仮装した現物出資財産の金銭の全額に相当する金額を支払う義務を負う。ただし、その職務を行うについて注意を怠らなかったことを証明した場合は、この限りではない（会社213条の3第1項）。なお、仮装払込みを行った募集株式の引受人と仮装に関与した取締役等は連帯債務者とな

る（会社213条の3第2項）。

ただし、募集株式の引受人は、出資履行の仮装があった場合には、引受人や取締役等の支払いもしくは給付がされた後でなければ、出資の履行を仮装した募集株式について株主の権利を行使することができない（会社209条2項）。これに対し、その募集株式の譲受人は、悪意または重過失があるときを除き、その募集株式について株主の権利を行使することができる（会社209条3項）。

④ 違法な新株発行等に対する措置
(イ) 募集株式の発行差止請求

募集株式の発行（新株発行・自己株式の処分）が、公開会社の株主総会特別決議を欠く第三者への募集株式の有利発行や、定款に定めのない種類の募集株式の発行など、法令または定款に違反する場合、または支配権の維持や争奪目的のために著しく不公正な方法により行われる場合に、株主が不利益を受けるおそれがあるときは、株主は、事前に、株式会社に対し募集株式の発行差止請求をすることができる（会社210条）。

しかし、募集株式の引受人は、株主となった日から1年を経過した後またはその株式について権利を行使した後は、錯誤を理由として募集株式の引受けの無効を主張し、詐欺もしくは脅迫を理由として引受けの取消しをすることはできない（会社211条2項）。

(ロ) 新株発行等の無効の訴え

募集株式の発行（新株発行、自己株式の処分、新株予約権、なお、新株予約権付社債については社債を含む）にあたり法令または定款に違反する場合、具体的には、定款に定められている発行可能株式総数を超えた新株発行や、定款に定めのない種類の株式の発行および株主の募集株式の割当てを受ける権利を無視した新株の発

行の場合には、新株発行等（募集株式の発行）の無効の訴えを提起することができる。

　無効の訴えの出訴期間は、募集株式発行の効力発生日から6か月以内であり（会社828条1項2号・3号・4号）、提訴権者は、株主、取締役、監査役、執行役、清算人、新株予約権者に限定されている（会社828条2項2号・3号・4号）。

　なお、非公開会社においては、人的結合が強く、株主に対する募集株式の発行の通知または公告は必要ないので、株主が募集株式の発行の事実を知ることができるのは、毎年1回開催の定時株主総会であることから、出訴期間を1年以内とした。さらに、裁判の迅速性の観点から、提訴期間内の口頭弁論の開始を認めている。

　また、募集株式の発行の無効の確定判決の効力は、第三者に対しても効力を有し、何びとといえどもその効力を争うことができない対世効を有するが（会社838条）、その確定判決により無効とされた行為は、将来に向かってその効力を失い、遡及効はない（会社839条）。

　この場合、会社は、払込みを受けた金額または給付を受けた現物出資財産の給付時における価額に相当する金銭を、株主または新株予約権者に対し支払わなければならない。また、返還すべき金銭が、判決が確定した時における会社財産の状況に照らして著しく不相当であるときは、裁判所は、会社または株主の申立てにより、その金額の増減を命ずることができる（会社840条・841条・842条）。

(ハ)　新株発行等の不存在確認の訴え

　募集株式の発行行為が存在しない場合、つまり、新株発行等（株式会社の成立後における株式発行、自己株式の処分、新株予約権

の発行)の実体がないのに登記されている場合、または新株発行等の手続を欠いた変更登記がされている場合には、訴えにより確認請求することができる不存在確認の訴えの制度も認められている(会社829条)。

なお、提訴権者(原告適格)および提訴期間については、規定がないことから制限はないため、誰でも、いつでも、この訴えを提起することができる(最判平成15・3・27民集57巻3号312頁)。なお、この訴えに係る確定判決の効力は対世効を有する(会社838条)。

2 新株予約権

新株予約権とは
新株予約権とは、何だろう。
新株予約権には、どのような活用方法があるのだろう。

(1) 新株予約権とは

会社に対し、行使期間内に行使価額で権利行使することにより、会社から株式の交付(新株の発行または自己株式の交付)を受けることができる権利を新株予約権という(会社2条21号)。したがって、株価が行使価額を上回ったときに新株予約権を行使して、株式を取得し、その株式を売却すれば利益を得ることができるが、株価が下回れば、新株予約権を行使できないか、もしくは損失を被ることもある。

新株予約権の活用方法として、(a)取締役や従業員に対し、報酬や給与の代わりに新株予約権を付与し、新株予約権の行使により株式を取得できるストックオプション、つまり、株価を上昇させるための経営を行うことからインセンティブ報酬として利用される、(b)新株予約権付社債として資金調達のために発行する、(c)敵対的企業買収の防衛策として株主に交付する、などが挙げられる。

(2) 新株予約権の発行

① 新株予約権の発行手続

　公開会社においては、取締役会の決議により新株予約権の募集事項が決定され、割当日の2週間前までに株主に対し通知または公告しなければならない（会社240条）。

　なお、非公開会社では、株主総会の特別決議により決定されるが（会社238条2項）、特に有利な条件である場合、または払込金額が特に有利な金額である場合には、公開会社においても株主総会の特別決議に際し、取締役は株主総会において有利発行を必要とする理由を説明する義務がある（会社238条3項・239条2項）。

　また、会社は、株主に新株予約権の割当てを受ける権利を付与できるが（会社241条1項）、定款で定めがある場合を除き、公開会社においては取締役会の決議により、非公開会社では株主総会の特別決議により決定される（会社241条3項）。さらに、会社は、募集新株予約権の引受けの申込者に通知をし（会社242条1項）、申込者の中から割当てを受ける者を定める必要がある（会社243条1項）。

　ただし、募集新株予約権の目的である株式が譲渡制限株式である場合、または募集新株予約権が譲渡制限新株予約権である場合

には、取締役会または株主総会の決議により募集新株予約権の割当てを受ける者を決定しなければならない（会社243条2項）。

なお、公開会社の募集新株予約権の割当て等に関して、引受人がその引き受けた募集新株予約権に係る交付株式の株主となった場合に有することとなる議決権の数のうち最も多い数とその引受人の子会社等が有する議決権の数との合計数が、総株主の議決権の数のうち最も多い数の2分の1を超える場合には、割当日の2週間前までに、株主に対し、その特定引受人の氏名または名称および住所や、募集新株予約権に係る交付株式の株主となった場合に有することとなる議決権の数のうち最も多い数を通知または公告しなければならない（会社244条の2第1項・3項）。

ただし、株式会社が、割当日の2週間前までに金融商品取引法4条1項から3項までの届出をしている場合、その他の株主の保護に欠けるおそれがないものとして法務省令で定めている場合は通知を要しない（会社244条の2第4項）。

しかし、その通知または公告の日から2週間以内に、総株主の議決権の10分の1以上の議決権を有する株主が、その特定引受人による募集新株予約権の引受けに反対する旨を公開会社に通知をしたときは、その公開会社は、割当日の前日までに、その特定引受人に対する募集新株予約権の割当て等について株主総会の普通決議を要する。ただし、その公開会社の財産の状況が著しく悪化している場合において、その公開会社の事業の承継のため緊急に必要があるときは、株主総会の承認は要しない（会社244条の2第5項）。

また、募集新株予約権の割当てを受けることが決定した申込者または引き受けた者は、割当日から新株予約権者となり（会社245条1項）、払込日までに払込金額を払い込まなければならない

（会社246条1項）。

　なお、新株予約権者は、株式会社の承諾を得て、払込みに代えて払込金額に相当する金銭以外の財産を給付し、またはその株式会社に対する債権をもって相殺することができる（会社246条2項）。ただし、払込期日までに、払込金額の全額の払込みをしないときは、その募集新株予約権を行使することができない（会社246条3項）。

② 新株予約権原簿

　会社は、遅滞なく、新株予約権原簿を作成し（会社249条1項）、その本店および株主名簿管理人の営業所に備え置く必要がある（会社252条1項）。株主および債権者は、理由を明らかにして、いつでも閲覧または謄写の請求をすることができる（会社252条2項）。しかし、会社は、(a)請求者（株主または債権者）がその権利の確保または行使に関する調査以外の目的で請求を行ったとき、(b)請求者がその会社の業務の遂行を妨げ、または株主の共同の利益を害する目的で請求を行ったとき、(c)請求者が新株予約権原簿の閲覧・謄写によって知り得た事実を、利益を得て第三者に通報するため請求を行ったとき、(d)請求者が過去2年内において、新株予約権原簿の閲覧・謄写によって知り得た事実を、利益を得て第三者に通報したことがあるとき、のいずれかに該当する場合は、閲覧または謄写の請求を拒否することが認められている（会社252条3項）

③ 新株予約権の無償割当て

　会社は、取締役会または株主総会の決議により、株主または種類株主に対して、その持株数に応じて新株予約権の無償割当てを

することもできる（会社277条・278条2項・3項）。また、株式会社は、割当ての効力発生日の後遅滞なく、また新株予約権の行使期間の末日の2週間前までに、株主または種類株主および登録株式質権者に対し、その株主が割当てを受けた新株予約権の内容および数を通知しなければならない（会社279条2項・3項）。

(3) 新株予約権の譲渡・質入れ

新株予約権者は、新株予約権を譲渡することができるが（会社254条1項）、新株予約権を取得した者は、その氏名または名称および住所を新株予約権原簿に記載または記録しなければ対抗することはできない（会社257条1項）。なお、新株予約権付社債については、社債と新株予約権のどちらか一方が消滅したときを除き、どちらか一方のみを単独で譲渡することはできない（会社254条2項・3項）。

さらに、新株予約権者は、新株予約権に質権を設定することができるが（会社267条1項）、新株予約権付社債については、譲渡の場合同様、どちらか一方のみに質権を設定することは認められない（会社267条2項・3項）。なお、新株予約権の質入れは、その質権者の氏名または名称および住所を新株予約権原簿に記載または記録しなければ対抗することはできない（会社268条1項）。

(4) 自己新株予約権の取得

株式会社は、原則として、自己新株予約権を新株予約権者との合意により自由に取得することができる。しかし、保有している自己新株予約権は行使することはできない（会社280条6項）。

一方、一定の事由が生じた日または通知または公告から2週間経過した日のいずれか遅い日に取得条項付新株予約権を取得することはできるが（会社275条1項）、株式会社が別に定める日の到来を一定の事由とする場合や、一定の事由が生じた日に新株予約権の一部を取得する場合には、取締役会または株主総会の決議により決定しなければならない（会社273条1項・274条2項）。

　さらに、株式会社は、取得条項付新株予約権の新株予約権者およびその登録新株予約権質権者に対し、その日の2週間前までに、その日を通知または公告しなければならない（会社273条2項・3項・274条3項・4項）。

　また、株式会社は、自己の新株予約権を取得し、取得した自己新株予約権を消却することもできる（会社276条1項）。この場合、取締役会設置会社においては、消却する自己新株予約権の内容および数の決定は、取締役会の決議によらなければならない（会社276条2項）。

(5) 新株予約権の行使

① 行使による払込み・給付

　新株予約権の行使をする場合には、新株予約権者は、新株予約権行使日に、会社が定めた払込取扱場所において、金銭を払い込む必要があり（会社281条1項）、現物出資財産を出資の目的とするときは、新株予約権行使日に財産の給付を要する（会社281条2項）。なお、証券発行新株予約権を行使しようとするときは、新株予約権者は、新株予約権証券を株式会社に提出しなければならない（会社280条2項）。

　ただし、新株予約権者は、払込みまたは給付をする債務と株式

会社に対する債権を相殺することができない（会社281条3項）。なお、新株予約権を行使した日に新株予約権者は、その新株予約権の目的である株式の株主となる（会社282条）。

　新株予約権を行使した場合において、新株予約権者に交付する株式の数に1株に満たない端数があるときは、株式会社は、1株に満たない端数を切り捨てる旨を定めている場合を除き、端数に相当する額を金銭で交付しなければならない（会社283条）。

②　検査役の調査

　現物出資財産の給付があった場合、会社は、遅滞なく、裁判所に対し検査役の選任の申立てをする義務がある（会社284条1項）。裁判所が選任した検査役は、必要な調査を行い、裁判所に調査結果を報告しなければならない（会社284条4項）。

　ただし、(a)新株予約権者の交付株式総数が、発行済株式総数の10分の1以下の場合、(b)現物出資財産の価額の総額が500万円以下の場合、(c)現物出資財産のうち、市場価格のある有価証券の募集価額が市場価額以下の場合、(d)弁護士等が現物出資財産の価額を相当とする証明をした場合、(e)株式会社に対する金銭債権（弁済期が到来しているものに限る）を、その金銭債権に係る負債の帳簿価額以下で現物出資した場合（デット・エクイティ・スワップ）には、検査役の調査は省略できる（会社284条9項）。

③　不公正な行使による責任

　新株予約権を行使した新株予約権者は、取締役または執行役と通じて著しく不公正な払込金額で新株予約権を引き受けたときは、払込金額と公正な価額との差額（無償の場合には、そのことが著しく不公正な条件であるときは、公正な価額）の支払義務を負う。

また、現物出資財産の価額が募集事項に定められた価額に著しく不足する場合には、新株予約権を行使した新株予約権者および募集に関する職務を行ったまたは関与したならびに議案を提案した取締役または執行役ならびに現物出資財産の価額の相当性につき証明した弁護士等は、現物出資に際し検査役の調査を受けた場合、または取締役等が、その職務を行うについて注意を怠らなかったことを立証した場合を除き、不足額の支払義務を負う（会社285条・286条）。

(6) 違法な新株予約権の発行に対する措置

① 新株予約権の発行差止請求

　新株予約権の発行が法令または定款に違反する場合、または新株予約権の発行が著しく不公正な方法により行われる場合において、株主が不利益を受けるおそれがあるときは、株主は、株式会社に対し、新株予約権の発行をやめることを請求することができる（会社247条）。

② 新株予約権の発行の無効の訴え

　新株予約権の発行（新株予約権付社債については社債を含む）にあたり法令または定款に違反する場合、新株予約権の発行の無効の訴えを提起することができる。

　無効の訴えの出訴期間は、新株予約権の発行の効力発生日から6か月以内（非公開会社においては、1年以内）であり（会社828条1項4号）、提訴権者は、株主、取締役、監査役、執行役、清算人、新株予約権者に限定されている（会社828条2項4号）。

　また、新株予約権の発行の無効の確定判決の効力は、第三者に

対しても効力を有し、何びとといえどもその効力を争うことができない対世効を有するが（会社838条）、その確定判決により無効とされた行為は、将来に向かってその効力を失い、遡及効はない（会社839条）。

③ 新株予約権の発行の不存在確認の訴え

新株予約権の発行行為が存在しない場合、つまり、新株予約権の発行の手続がないまま、新株予約権の発行による変更登記がされている場合には、訴えにより確認請求することができる不存在確認の訴えの制度も認められている（会社829条3号）。なお、提訴権者（原告適格）および提訴期間については、規定がないことから制限はないため、誰でも、いつでも、この訴えを提起することができる。なお、この訴えに係る確定判決の効力は対世効を有する（会社838条）。

3 社　債

社債とは

社債を発行するメリットは、何だろう。
株式と社債の違いは、何だろう

(1) 社債とは

社債とは、会社を債務者とする金銭債権であり、募集事項の定めに従い返済されるものをいい（会社2条23号）、資金調達によ

り生じた株式会社および持分会社（合名会社、合資会社、合同会社）ならびに特例有限会社の契約上の債務である。

また、株式と社債は、長期かつ多額の資金調達方法であるという点では共通するが、株式の所有者である株主は会社の社員（構成員）であるのに対し、社債の所有者である社債権者は会社の債権者であり法律上の性格は異なっている。

株式と社債の差異については、(a)株主は、株主総会の議決権をはじめ種々の監督是正権を有し会社経営に参加できるが、社債権者はこれらの権利を有しない。(b)株主は、会社存立中は株金の払戻しを受けることはできないし、会社解散時においても会社債権者が弁済を受けた後に残余財産がある場合にのみ分配を受けるにすぎないが、社債権者は、償還期限の到来時には元本の償還を受けることができ、また、会社解散時には、株主に優先して他の会社債権者と同順位で弁済を受けることができる。(c)株主は、分配可能額の範囲内で、原則として株主総会決議により剰余金の配当を受けることができるが、無配当となる場合もある。これに対し、社債権者は、剰余金の有無にかかわらず確定利息の支払を受けることができる。ただ、投資としてみた場合、社債は、株式と比較して、元本が保証され、確定利息を得ることができることから、安定性があるといえる。

(2) 社債の発行

① 社債の発行手続

取締役会設置の株式会社では取締役会の決議で、募集社債の総額に関する事項その他の社債を引き受ける者の募集に関する重要な事項を定めなければならないが（会社362条4項5号、会社施規

99条)、会社法施行規則で定める事項以外の事項は、その決定を取締役または執行役(指名委員会等設置会社)に委任することができる。ただし、取締役会非設置の株式会社では、取締役が決定し、持分会社では、業務執行社員が決定することとなる。また、募集社債の全額払込前の再募集も認められている。

会社は、募集に応じて募集社債の引受けの申込みをしようとする者に対し、会社の商号、その募集に関する事項、そのほか法務省令で定める事項を通知しなければならない(会社677条1項)。募集に応じて募集社債の引受けの申込みをする者は、法定事項を記載した書面を会社に交付しなければならない(電磁的方法による提供も可)(会社677条2項・3項)。

なお、金融商品取引法2条10項に規定する目論見書を、申込みをしようとする者に対して交付している場合、その他募集社債の引受けの申込みをしようとする者の保護に欠けるおそれがないものとして法務省令で定める場合には、募集に際しての法定事項の通知は必要ない(会社677条4項)。

また、会社は、申込者の中から募集社債の割当てを受ける者を定め、その者に割り当てる募集社債の金額および金額ごとの数を定めて、申込者に通知しなければならない(会社678条)。ただし、募集社債を引き受けようとする者が、総額引受けの契約を締結する場合には、割当てや通知は必要ない(会社679条)。そして、募集社債の申込者および総額引受者は社債権者となる(会社680条)。

② 社債券の発行・不発行

社債の発行においては、社債券の発行・不発行は社債の種類ごとに決定でき(会社676条6号)、打切発行制度が原則である(会社676条11号)。なお、社債券不発行の場合、社債の譲渡は、社

債原簿の名義書換が社債発行会社その他の第三者の対抗要件となる（会社688条1項）。さらに、発行時期が異なる社債であっても、その種類に属し社債の内容を特定する事項が同じであれば、同一種類の社債として取り扱うことができる（会社681条1号）。

また、「社債、株式等の振替に関する法律」の適用を受ける振替社債については、社債券を発行せず、その譲渡または質入れは、発行会社から振替機関に通知され、その管理する口座において、その譲渡または質入れに関する社債の金額の増額の記載または記録により効力を生じる。また、悪意または重過失なく増額の記載または記録を受けた者は善意取得が認められる。

③ 社債原簿

会社は、社債の発行日以後遅滞なく、法定の事項を記載または記録した社債原簿を作成する義務がある（会社681条、会社施規166条）。さらに、社債原簿管理人を定め、会社に代わって、社債原簿の作成および備置きその他の社債原簿に関する事務を委託することができる（会社683条）。

また、社債発行会社は、社債原簿をその本店（社債原簿管理人がある場合には、その営業所）に備え置き（会社684条1項）、いつでも、社債権者および裁判所の許可を得た親会社社員の閲覧または謄写（書面または電磁的記録）の請求に応じなければならないが（会社684条2項・4項・5項）、請求者が権利の確保または行使に関する調査以外の目的で請求を行ったときや、社債原簿の閲覧または謄写により知り得た事実を利益を得て第三者に通報するため請求を行ったとき、または過去2年以内に通報したことがある者であるときは、拒否することが認められている（会社684条3項）。

(3) 社債の流通

① 社債の譲渡・質入れ

社債券を発行する旨の定めがある社債の譲渡は、その社債券を交付しなければ効力は生じない（会社687条）。さらに、記名社債の譲渡は、その社債を取得した者の氏名または名称および住所を社債原簿に記載または記録しなければ、社債発行会社その他の第三者に対抗することはできない（会社688条）。

また、社債券の占有者は、その社債についての権利を適法に有するものと推定され（会社689条1項）、社債券の交付を受けた者は、悪意または重大な過失があるときを除き、その社債についての権利を取得する（会社689条2項）。

また、社債券を発行する旨の定めがある社債の質入れは、その社債券を交付しなければ効力は生じない（会社692条）。さらに、社債の質入れは、その質権者の氏名または名称および住所を社債原簿に記載または記録しなければ、社債発行会社その他の第三者に対抗することができない（会社693条1項）。ただし、社債券を発行する旨の定めがある社債の質権者は、継続してその社債券を占有しなければ、社債発行会社その他の第三者に対抗することができない（会社693条2項）。

② 社債券の発行・喪失

社債発行会社は、社債券を発行する旨の定めがある社債を発行した日以後遅滞なく、その社債券を発行しなければならない（会社696条）。また、社債券を喪失した場合には、社債券は、公示催告手続により無効とすることができるが（会社699条1項）、社債券を喪失した者は、除権決定を得た後でなければ、その再発行

を請求することができない（会社699条2項）。

③ 社債利息の支払

社債権者は、社債の発行条件に基づき利息の支払を受けることができるが、記名社債では、社債原簿に記載または記録された社債権者に対し、その住所において会社が利息の支払を行い（持参債務）、無記名社債では、社債券に添付された利札と引き換えに利息の支払を受ける（取立債務）。なお、社債利息支払請求権の消滅時効は5年である（会社701条2項）。

④ 社債の償還方法

社債の償還方法として、社債発行後一定期間据え置いて償還期限まで随時償還する随時分割償還や、一定期間経過後定期的に一定額を抽選償還する定時分割償還、または全額を償還期日に弁済する満期償還の方法がある。ただし、社債の償還請求権の消滅時効は10年である（会社701条1項）。なお、会社はいつでも自己社債を取得することができ、自己社債を市場価格で取得して買入消却することもできる。

(4) 社債の管理

社債管理者と社債権者集会とは

社債管理者の資格と役割は、何だろう。
社債管理者と社債権者集会は、どのような関係なのだろう。

社債権者は利害を共通にしているため団体的行動が必要になることから、社債を合理的に管理し社債権者の利益を確保するために社債管理者による社債の管理と、社債権者集会による自治的管理を認めている。しかし、非公開会社や持分会社、特例有限会社においては、銀行や縁故者等を対象とする私募債に限られ、社債権者の保護に欠けるおそれがないことから、社債管理者を置かないで社債権者集会で対処することになる。

①　社債管理者
(イ)　社債管理者の設置

会社は、社債を発行する場合には、社債管理者を定め、社債権者のために弁済の受領、債権の保全その他の社債の管理を行うことを委託しなければならない。ただし、各社債の金額が1億円以上である場合（大口の機関投資家が対象なので特別の保護は不要）およびある種類の社債の総額をその種類の社債の最低額で除した数が50を下回る場合（社債権者の保護に欠けるおそれがないので保護は不要）、その他社債権者の保護に欠けるおそれがない場合（私募債の場合は、特別の個別契約で対応するので、社債権者集会で対処）は、この限りではない（会社702条、会社施規169条）。

なお、社債管理者の資格は、銀行、信託会社、担保付社債信託法5条の免許を受けた会社に限られ（会社703条、担信5条）、社債権者に対して公平誠実義務および善管注意義務を負う（会社704条）。

(ロ)　社債管理者の権限

社債管理者は、社債権者のために社債に係る債権の弁済を受け、または債権の保全を実現するために必要な一切の裁判上（仮差押え、仮処分など）または裁判外（時効中断のための支払催告、破産

や会社更生手続における債権の届出など）の行為を行う権限を有する（会社705条1項）。なお、社債管理者が社債に係る債権の弁済を受けた場合には、社債権者は、社債の償還額および利息の支払を請求することができる（会社705条2項）。

ただし、この権限は、社債の全部についてする支払の猶予、債務の不履行により生じた責任の免除または和解、訴訟行為または破産手続、再生手続、更生手続もしくは特別清算に関する手続などの重要な事項については、社債権者集会の決議によらなければ行使することはできないが、募集社債に関する決定事項として定めていれば、社債管理者は社債権者集会の決議がなくてもその行為を行うことができる（会社706条1項）。

また、社債権者と社債管理者との利益が相反する場合において、社債権者のために裁判上または裁判外の行為をする必要があるときは、裁判所は、社債権者集会の申立てにより、特別代理人を選任しなければならない（会社707条）。

(ハ) 社債管理者の責任

社債管理者は、会社法または社債権者集会の決議に違反する行為をしたときは、社債権者に対し連帯して、これによって生じた損害を賠償する責任を負う（会社710条1項）。

なお、社債管理者は、社債発行会社が社債の償還もしくは利息の支払を怠り、もしくは支払の停止があった後またはその前3か月以内に、社債管理者が自己の債権につき社債発行会社から担保の供与または債務の消滅に関する行為を受けること、社債管理者と特別関係者に対して社債管理者の債権を譲り渡すこと、社債管理会社と社債発行会社間の債権と債務を相殺することなどの行為をしたときは、社債権者に対し損害を賠償する責任を負う。

ただし、社債管理者が、社債の管理を怠らなかったこと、また

はその損害がその行為により生じたものでないことを証明したときは、責任を免れる過失責任を負う（会社710条2項）。

(二) 社債管理者の辞任・解任

社債管理者は、あらかじめ事務を承継する社債管理者を定め、社債発行会社および社債権者集会の同意を得て辞任することができる（会社711条1項）。ただし、社債管理者は、委託に係る契約に定めた事由があるときは辞任することができる（会社711条2項）。なお、やむを得ない事由があるときは、裁判所の許可を得て辞任することができる（会社711条3項）。

さらに、社債管理者がその義務に違反したとき、その事務処理に不適任であるときその他正当な事由があるときには、裁判所は、社債発行会社または社債権者集会の申立てにより、社債管理会社を解任することができる（会社713条）。

社債管理者が辞任もしくは解任等により他に社債管理者がいなくなったときは、社債発行会社は、遅滞なく、社債権者集会の同意を得るためこれを招集し、その同意を得ることができなかったときは、その同意に代わる裁判所の許可の申立てをし、事務を承継する社債管理者を定めなくてはならない（会社714条1項）。

しかし、社債管理者がいなくなってから2か月以内に社債権者集会を招集せず、または裁判所の許可の申立てをしなかったときは、その社債の総額について期限の利益を喪失する（会社714条2項）。また、やむを得ない事由があるときは、利害関係人は、裁判所に対し、事務を承継する社債管理者の選任の申立てをすることができる（会社714条3項）。

なお、社債発行会社は、社債権者集会の同意を得た場合を除き、事務を承継する社債管理者の選任があった場合には、遅滞なく、その旨を公告し、知れている社債権者には各別に通知しなければ

ならない（会社714条4項）。

② 社債権者集会

(イ) 社債権者集会の招集

社債権者は、社債の種類ごとに社債権者集会を組織し（会社715条）、会社法に規定する事項および社債権者の利害に関する事項について決議することができる（会社716条）。社債権者集会は、必要がある場合にはいつでも招集することができ、社債発行会社または社債管理者が招集する（会社717条）。

ただし、ある種類の社債の総額の10分の1以上を有する社債権者は、社債発行会社または社債管理者に対し、社債権者集会の目的である事項および招集の理由を示して、社債権者集会の招集を請求することができるが（会社718条1項）、招集の請求後、遅滞なく招集手続が行われない場合、または招集の請求のあった日から8週間以内の日を社債権者集会の日とする社債権者集会の招集の通知が発せられない場合には、裁判所の許可を得て、社債権者は社債権者集会を招集することができる（会社718条3項）。なお、招集手続については、株主総会の規定が準用される（会社720条）。

(ロ) 社債権者集会の決議

社債権者は、その有する種類の社債の金額の合計額に応じて議決権を有するが（会社723条1項）、自己社債については議決権を有しない（会社723条2項）。さらに、議決権を行使しようとする無記名社債の社債権者は、会日の1週間前までに、社債券を招集者に提示しなければならない（会社723条3項）。

決議方法については、定足数の定めがなく、出席した議決権者の議決権の総額の2分の1を超える議決権を有する者の同意がな

ければならないが(会社724条1項)、社債の全部の支払猶予、債務不履行による責任の免除等の一定の重要な事項については、議決権者の議決権の総額の5分の1以上で、かつ、出席した議決権者の議決権の総額の3分の2以上の議決権を有する者の同意がなければならない(会社724条2項)。ただし、社債権者集会の目的である事項以外の事項については、決議をすることはできない(会社724条3項)。

また、株主総会同様、議決権の代理行使(会社725条)、書面による議決権の行使(会社726条)、電磁的方法による議決権の行使(会社727条)、議決権の不統一行使(会社728条)が規定されている。また、招集者は、社債権者集会の議事録を作成し、社債発行会社の本店に会日から10年間備え置き、社債管理者および社債権者は、社債発行会社の営業時間内ならいつでも、議事録(書面または電磁的記録)の閲覧または謄写の請求をすることができる(会社731条)。

社債権者集会の決議は、裁判所の認可を受けなければ効力を生じない(会社734条1項)。したがって、社債権者集会の決議があったときは、招集者は、その決議があった日から1週間以内に、裁判所に対し、その決議の認可の申立てをしなければならない(会社732条)。

しかし、裁判所は、招集の手続またはその決議方法が法令または募集社債に関する決定事項に違反するとき、決議が不正の方法により成立したときもしくは著しく不公正であるとき、決議が社債権者の一般の利益に反するときは、決議の認可をすることはできない(会社733条)。さらに、社債権者集会の決議は、その種類の社債を有するすべての社債権者に対してその効力を有する(会社734条2項)。

また、社債権者集会において、その決議によって、その種類の社債の総額の1,000分の1以上を有する社債権者の中から、1人または2人以上の代表社債権者を選任し、決議事項の決定を委任することができる（会社736条1項）。ただし、代表社債権者が2人以上ある場合において、その決定は過半数をもって行われる（会社736条3項）。

　社債権者集会の決議は、社債管理者または代表社債権者が執行する。ただし、社債権者集会の決議により別に社債権者集会の決議を執行する者を定めたときは、その執行者が行う（会社737条1項）。

　また、社債権者集会においては、その決議によって、いつでも、代表社債権者もしくは決議執行者を解任し、またはこれらの者に委任した事項を変更することができる（会社738条）。さらに、社債管理者は、社債管理委託契約に別段の定めがある場合を除き、社債権者のために、社債権者集会の決議がなくても異議を述べることができる（会社740条2項）。

第4章

株式会社の機関

1 機関とは

機関とは

会社の機関とは、何だろう。
株式会社の形態によって機関の組合せが異なるのは、なぜだろう。

(1) 会社の機関

営利社団法人である株式会社は、自然人のように自ら意思決定し行動することはできないので、意思決定や事業活動を行うため一定の権限を与えられた自然人の会議体を会社の機関という。

すべての株式会社については、株主総会（すべての株主から構

成される意思決定機関）と取締役（会社の運営・管理上の意思決定および業務執行機関）が絶対的必要設置機関であり、1人以上の取締役を置かなければならない（会社326条1項）。

そのほかの機関については、機関設計の柔軟化が図られた任意設置機関である。したがって、定款の定めによって、取締役会（取締役により構成される会社の運営・管理上の意思決定機関）、会計参与（取締役との共同による計算書類等作成機関）、監査役（業務執行の監査機関）、監査役会（監査役により構成される監査方針の決定機関）、会計監査人（公認会計士による会社の外部監査機関）または委員会（監査等委員会および指名委員会・報酬委員会・監査委員会をいい、業務執行の監査または取締役等の選解任・報酬等の決定機関）を置くことができる（会社326条2項）。

(2) 株式会社の機関設計

株式会社のうち公開会社と非公開大会社は、監査役（会）設置会社、監査等委員会設置会社、指名委員会等設置会社のいずれかを選択しなければならない。なお、非公開中小会社は、選択肢の範囲が広く機関設計の柔軟化が図られてはいるが、さまざまな法的な問題が解決されているわけではない。このように会社の制度設計が異なっていることから、会社法では、次のように会社の形態に応じて必要な機関の組合せが規定されている。

まず、公開会社、監査役会設置会社、監査等委員会設置会社、指名委員会等設置会社においては、経営の意思決定を迅速に行うために取締役会を設置しなければならないが（会社327条1項）、非公開会社（全株式譲渡制限会社）の取締役会の設置は任意である。なお、取締役会を設置しない場合には、監査役会または委員会を

設置することは認められないが、非公開会社であっても取締役会を設置した場合には、監査役会や委員会を設置することができる。

　また、監査等委員会設置会社および指名委員会等設置会社を除く取締役会設置会社は、取締役会の設置により株主総会の権限が制限されるため、取締役の監視強化の観点から、監査役を設置しなければならず（会社327条2項本文）、取締役会を設置しない非公開中小会社は、監査役の設置は任意である。つまり、取締役会設置会社は、監査役（会）または委員会のいずれかの設置が義務付けられているが、取締役会設置の非公開中小会社において、会計参与を設置する場合には、監査役（会）または委員会を設置する必要はない（会社327条2項ただし書）。

　さらに、監査等委員会設置会社および指名委員会等設置会を除く会計監査人設置会社は、会計監査人の独立性の確保の観点から、監査役の設置が義務付けられているが（会社327条3項）、監査役を設置しても、会計監査人を設置することは任意である。なお、監査等委員会設置会社および指名委員会等設置会は、監査等委員会および監査委員会が存在することから、監査役を置くことはできないが（会社327条4項）、会計監査人の設置は義務付けられている（会社327条5項）。

　つまり、会計監査人を設置した場合は、監査役または委員会のいずれかの設置が強制される。ただし、公開大会社については、監査役（会）または委員会のいずれかを置かなければならない。さらに、監査等委員会設置会社および指名委員会等設置会社を除く公開大会社は、所有と経営が分離し、株主や会社債権者など多くの利害関係者がいるため、利害関係者を法的に保護する必要があることから、監査役（会）および会計監査人の設置が強制される（会社328条1項）。また、非公開大会社にも、会計監査人の設

置が義務付けられる（会社328条2項）。なお、中小会社も任意に会計監査人を設置することはできる。したがって、機関設計の選択の範囲が広く、大幅に自由が認められるのは非公開中小会社である。

以上の規制により、公開会社と非公開会社（全株式譲渡制限会社）の別、大会社と中小会社の別に、次の表の通り、任意に機関の組合せを選択することができる。

<機関の組合せ>

	公開会社				非公開会社（全株式譲渡制限会社）			
	大会社		中小会社		大会社		中小会社	
株主総会	○○		○○○○○○		○○○○		○○○○○○○○	
取締役	○○		○○○○○○		○○○○		○○○○○○○○	
取締役会	○○		○○○ ○		○○ ○		○○○○ ○○	
委員会	○		○		○		○	
監査役	○	○○			○ ○		○ ○○	
監査役会	○		○		○		○	
会計監査人	○○	○		○	○		○○	
会計参与	※※	※※※※※※			※※※※		○※※※※※※	

※会計参与の設置は任意

(注) 日本経済新聞平成17年6月29日朝刊6面を基に作成した。

2　株主総会

株主総会とは

株主総会の役割は、何だろう。

株主総会には、どのような権限があるのだろう。

(1) 意義と権限

株式会社の所有者である株主全員により構成された株主総会は、会社の意思を決定する意思決定機関であり、開催時期により、毎事業年度の終了後の一定の時期に開催する定時株主総会（会社296条1項）と、必要に応じて臨時に開催する臨時株主総会（会社296条2項）がある。また、株主総会は、多様な株主で構成されていることから、会社が多様な社会的チェックを受ける場であるといえる。

しかし、株主総会の権限は、取締役会を設置しているかどうかにより異なる。

① 取締役会非設置の場合

取締役会非設置会社の株主総会は、会社法に規定する専決事項その他株式会社に関する一切の事項について決議することができる（会社295条1項）。つまり、その権限に制限のない機関として位置付けられているが、重要事項の決定のために株主総会を開かなければならず、迅速な意思決定ができない可能性がある。

② 取締役会設置の場合

取締役会設置会社の株主総会は、会社法に規定する専決事項および定款で定めた事項に限り決議することができ（会社295条2項）、取締役会の専決事項については、多くの株主の意思に反する重要な事項の決定を、取締役会が行う危険性がある。

なお、会社法の規定により株主総会の決議を必要とする事項について、株主総会以外（取締役、執行役、取締役会等）の機関が決定することができるとすることを定款で定めた場合は無効となる

(会社295条3項)。

(2) 招　集

① 招集権者

　株主総会の招集は、原則として、取締役会設置会社においては取締役会決議により、取締役会非設置会社では取締役の過半数による決定に基づいて行う（会社296条3項）。

　なお、例外として、6か月前から引き続き総株主の議決権の100分の3以上の株式を有する株主も、取締役に対して、招集の理由を示して、株主総会の招集を請求することができる。これは濫用目的で一時的に株式を取得しようとする者に対処するためであり、非公開会社においては、人的信頼関係が強固であることから6か月の保有期間制限を課さない（会社297条1項・2項）。

　ただし、株主の請求により取締役が遅滞なく総会招集をしない場合には、請求をした株主は、自ら裁判所の許可を得て株主総会を招集することができる（会社297条4項）。なお、議決権行使に書面投票・電子投票を採用した場合を除き、株主全員の同意があるときは、招集の手続をしなくても総会を開くことはできる。（会社300条）。

② 招集地

　株主総会の招集地については、定款の定めがある場合を除き、株主の交通の利便性を考慮して制限は設けられていない。しかし、過去の株主総会の開催場所と著しく離れた場所である場合には、その場所を決定した理由を説明する必要がある（会社298条1項5号、会社施規63条2号）。

なお、特定の株主の議決権行使を妨げることを目的として、定款で招集地を定めたときは無効となり、出席困難な場所を招集地としたときには、株主総会決議取消請求事由となる（会社831条1項1号）。

③ 招集通知

株主総会の招集通知は、公開会社では、取締役が、株主に対して、株主総会の日の2週間前までに通知しなければならないが、非公開会社では、1週間前まででよい。なお、取締役会非設置会社においては、これを下回る期間を定款で定めた場合には、その期間でもよい。

しかし、書面投票・電子投票により議決権行使を行う非公開会社では、2週間前までに通知することが義務付けられている（会社299条1項）。この期間が不足した場合には、招集手続の法令違反として、株主総会決議取消請求事由となる（会社831条1項1号）。

また、取締役会設置会社および書面投票・電子投票による会社は、書面または電磁的方法により株主総会の招集を通知しなければならず、総会の日時、場所、目的事項等を記載または記録する必要がある（会社299条2項・3項・4項）。なお、招集通知に記載されていない事項について決議した場合には、招集手続の法令違反として株主総会決議取消請求事由となる（会社831条1項1号）。

他方、書面投票・電子投票によらない会社のうち、取締役会非設置会社においては、電話や口頭で通知することができる。しかし、人的結合が強固な会社であることを前提としているとはいえ、一部の株主に招集通知がなかったことを理由として、株主総会決議取消訴訟が提起された場合には、口頭や電話で招集通知をしたことを立証することは容易ではない。

なお、取締役会設置会社においては、取締役は、株主に対する定時株主総会の招集通知に、計算書類および事業報告（監査報告または会計監査報告を含む）を添付しなければならない（会社437条）。

(3) 運 営

① 議題の決定

株主総会の議題は取締役により決定されるが（会社298条1項）、取締役会設置会社では取締役会が決定する（会社298条4項）。また、株主は、取締役に対し、一定の事項を株主総会の目的とすることを請求することができる（会社303条1項）。ただし、取締役会設置会社においては、6か月前から引き続き総株主の議決権の100分の1以上または300個以上の議決権を有する株主には、取締役に対する株主提案権が認められているが、株主総会の8週間前までに請求する必要がある（会社303条2項・305条1項）。なお、非公開会社で取締役会設置会社は、6か月の株式保有期間制限はない（会社303条3項・305条2項）。

株主提案権には議題提案権と議案提出権があり、議題提案権とは、会社が招集する株主総会で一定の事項を議題とすることを請求できる権利であり、議案提出権とは、その提出する議案の要領を招集通知に記載することを請求できる権利である。ただし、株主が提出した議案が、法令もしくは定款に違反する場合、または実質的に同一の議案につき、株主総会において総株主の議決権の10分の1（これを下回る割合を定款で定めた場合は、その割合）以上の賛成が得られなかった日から3年を経過していない場合には、議案提出権は認められない（会社304条・305条4項）。

また、取締役会設置会社においては、株主総会の議題以外は決議することはできない（会社309条5項）。ところが、反対解釈として、取締役会非設置会社では、株主総会において、招集の際に定められた議題以外の、株主が単独で提案した事項を決議することができる。したがって、取締役の解任や選任などの経営権に関する予定外の提案がされる危険性がある。

② 総会検査役

　株式会社または議決権を有する総株主の議決権の100分の1以上の議決権を有する株主は、株主総会に先立ち、株主総会に係る招集手続および決議の方法を調査させるため、検査役の選任を裁判所に対し請求する権利が認められている（会社306条1項）。ただし、公開会社においては、6か月前から引き続き株式を有する株主に限る（会社306条2項）。

　検査役は、調査結果を裁判所に報告し（会社306条5項）、裁判所は、必要があると認めるときは、取締役に対し、一定の期間内に株主総会を招集すること、および検査役の調査の結果を株主に通知することを命じなければならない（会社307条1項）。

③ 議決権

　株主は、株主総会において、その有する株式1株につき1個の議決権を有する（1株1議決権の原則）。ただし、単元株制度を採用している会社では、1単元につき1個の議決権である（会社308条1項）。しかし、次の場合には議決権は認められていない。(a)議決権制限株式（会社115条）、(b)自己株式（会社308条2項）、(c)2社以上での相互保有株式で、1社が他社の総株主の議決権の4分の1以上を所有すること、その他の事由を通じて、その経営を

実質的に支配することが可能な関係にある場合(会社308条1項かっこ内)、(d)単元未満株式(189条1項)、(e)特別利害関係を有する株主が所有する株式、(f)株主名簿の基準日後に発行された株式(株式会社の判断により、基準日後に取得した株式でも、議決権を認められる場合を除く)(会社124条)などである。

また、株主自身が議決権を行使できない場合には代理人による行使が認められている。この場合、代理権を証明する書面(電磁的方法でも可)を会社に提出しなければならない(会社310条1項・3項)。なお、代理権の授与は総会ごとに行うことを要し(会社310条2項)、会社は、株主総会に出席できる代理人の人数を制限することができる(会社310条5項)。

なお、信託会社に株式が信託されている場合や外国預託証券が発行されている場合には、議決権の一部を賛成に、残りを反対に行使することができる議決権の不統一行使が認められている(会社313条1項)。ただし、取締役会設置会社においては、総会日の3日前に会社に対し不統一行使をする旨と理由を通知する必要がある(会社313条2項)。

しかし、会社は、株主が他人のために株式を有する場合以外には、議決権の不統一行使を拒否することができる(会社313条3項)。なお、取締役会非設置会社においては、事前通知は必要ない。

④ 投票制度

取締役は、議決権を有する株主の数が1,000人以上である場合には、書面投票制度を採用しなければならない(会社298条2項)。ただし、上場会社については、委任状による議決権代理行使の勧誘制度を選択する場合には、書面投票制度を採用しなくてもよい(会社298条2項ただし書)。

また、株主総会の招集通知を、書面による通知に代えて電磁的方法によることを承諾した株主に対し、電磁的方法による通知を発するときは、株主総会参考書類および議決権行使書面の交付に代えて、これらの書類に記載すべき事項を電磁的方法により提供することができる。ただし、株主の請求があったときは、これらの書類を交付しなければならない（会社301条2項）。

⑤　取締役等の説明義務

　取締役、会計参与、監査役および執行役は、株主総会において、株主から特定の事項について説明を求められた場合には、必要な説明をしなければならない（会社314条本文）。したがって、拒絶理由もないのに説明を拒否すると株主総会決議取消しの原因となる。ただし、株主総会の目的たる事項と無関係な場合、説明することにより株主共同の利益を著しく害する場合、その他正当な事由がある場合として法務省令で定める場合、には説明を拒絶することができる（会社314条ただし書）。

⑥　議事録

　株式会社は、株主総会の議事について議事録を作成し（会社318条1項）、議事録の原本は10年間本店に備え置き、謄本は5年間支店に備え置くことが義務付けられている。ただし、電磁的記録で作成され、閲覧・謄写の請求に応ずることができるときは、支店における備え置きは必要ない（会社318条2項・3項、会社施規227条2号）。

　また、株主および債権者は、会社の営業時間内であれば、議事録の閲覧・謄写の請求をすることができ（会社318条4項）、親会社の社員も、その権利を行使するために必要があるときは、裁判

所の許可を得て、議事録の閲覧・謄写請求権が認められている（会社318条5項）。

なお、中小会社では、従来、株主総会を開催しないで株主総会議事録を作成することが多かった。しかし、訴訟になり、決議不存在確認の訴えが提起された場合には、会社経営に深刻な影響を与えかねない。

(4) 決議方法

株主総会の決議方法は決議事項により、普通決議、特別決議、特殊決議に分かれる。ただし、株主総会の決議事項について、議決権を行使できる株主全員が、取締役または株主の提案内容につき書面または電磁的記録により同意した場合には、その提案を可決した総会決議があったものとみなし、株主総会を開催する必要はない（会社319条1項）。

① 普通決議

議決権を行使できる株主の議決権の過半数を有する株主が出席し（定足数）、出席した株主の議決権の過半数をもって行う決議を普通決議という（会社309条1項）。普通決議で決議できる事項には、役員の選任・解任（会社329条1項・339条1項）、計算書類の承認（会社438条2項）、資本金の額の増加（会社450条2項）などがある。

また、定足数は定款で変更することが可能であり、定足数の定めを排除することもできる。ただし、株主の意思を決議に反映させる必要から、取締役・監査役・会計参与の選任または解任の決議については、決議要件につき、出席株主の議決権の過半数を上

回る割合を定款で定めた場合には、その割合以上に引き上げることができ、定款の定めによっても、定足数を総株主の議決権の3分の1未満に定めることは認められない（会社341条）。

② 特別決議

議決権を行使できる株主の議決権の過半数を有する株主が出席し（定足数）、出席した株主の議決権の3分の2以上の多数決をもって行う決議を特別決議という。なお、一定数以上の株主（株主全員も含む）の賛成を必要とする旨その他、決議要件の加重要件を定款で定めることも認められている（会社309条2項）。

特別決議による決議事項には、株式・新株予約権および自己株式取得に関する事項、監査役の解任、役員等の責任の一部免除、資本金の額の減少、定款変更、事業譲渡、解散、組織変更、組織再編に関する事項などがある（会社309条2項各号）。

③ 特殊決議

特別決議よりも重い要件が要求される事項を決定するときに行われる決議方法を特殊決議といい、次のものが該当する。全部の株式が譲渡制限株式に変わる旨の定款の定めを設ける定款変更を行う場合、および公開会社が消滅会社または完全子会社となる組織再編行為（合併・株式交換・株式移転）により、株主に対して交付する金銭等の全部または一部が譲渡制限株式である場合の承認については、株主総会（種類株主総会を除く）の決議は、その株主総会において議決権を行使できる株主の半数以上であって、その株主の議決権の3分の2以上の賛成が要求されている（会社309条3項）。

また、非公開会社は、保有株式数にかかわらず1人1議決権や

株主全員同額配当、または1株だけ議決権株式とし他の株式はすべて無議決権株式とするなど、剰余金の配当・残余財産の分配・株主総会における議決権に関して株主ごとに異なる取扱いをする旨の定款変更を行うことができるが（会社109条2項）、この場合（定款の定めを廃止するものを除く）の株主総会の決議は、総株主の半数以上であって、総株主の議決権の4分の3以上の多数の賛成が要求される（会社309条4項）。

④ 株式買取請求権

(a)事業の譲渡等と同時に解散の決議がなされる場合を除く事業の譲渡等の決議（会社469条）、(b)株式譲渡制限を定める定款変更決議（会社116条1項）、(c)合併等の決議（会社785条1項・797条1項・806条1項）、のあった株主総会においては、決議に反対した株主を保護するため、会社に対して、公正な価格での株式買取請求権が認められている。

この場合、株主総会に先立って反対する旨を会社に通知し、かつ株主総会において反対した場合に限り認められる。なお、議決権のない株主であっても、組織再編の場合には株式買取請求権が認められている。

(5) 種類株主総会

種類株主の株主間の権利の調整が必要な場合に種類株主総会が開催される。種類株主総会は、会社法に規定する事項および定款で定めた事項に限り決議することができる（会社321条）。ある種類の株式の種類株主に損害を及ぼすおそれがあるときは、種類株主総会（その種類株主に係る株式の種類が2以上ある場合にあっては、

各種類株主総会の決議が必要である）の特別決議がなければ効力は生じない（会社322条1項・324条2項）。

さらに、株主総会において決議すべき事項について、その決議のほか種類株主総会の決議を必要とする旨の定款の定めがあるときは、種類株主総会の決議がなければ効力は生じない（会社323条）。

種類株主総会の決議方法には、普通決議、特別決議、特殊決議がある。普通決議は、定款に別段の定めがある場合を除き、その種類株式の総株主の議決権の過半数を有する株主が出席し、出席した株主の議決権の過半数をもって行う（会社324条1項）。特別決議は、議決権を行使できる株主の議決権の過半数（3分の1以上の割合を定款で定めた場合は、その割合以上）を有する株主が出席し、出席した株主の議決権の3分の2（これを上回る割合を定款で定めた場合には、その割合）以上の多数をもって行わなければならない。この場合、その決議要件に加えて、一定の数以上の株主の賛成を要する旨その他の要件を定款で定め加重することができる（会社324条2項）。特殊決議は、その種類株主総会において議決権を行使できる株主の半数以上（これを上回る割合を定款で定めた場合は、その割合以上）であって、その株主の議決権の3分の2（これを上回る割合を定款で定めた場合は、その割合）以上の多数をもって行わなければならない（会社324条3項）。なお、株主総会に関する規定は、種類株主総会に準用する（会社325条）。

(6) 決議の瑕疵を争う訴訟

株主総会や種類株主総会の決議成立までの手続や決議内容に瑕疵がある場合には、次の3種類の訴訟方法が認められている。

① 決議不存在確認の訴え（会社830条1項）

株主総会および種類株主総会の招集手続や決議方法に著しい瑕疵があり、株主総会の存在を認めることができない場合や、株主総会を開催していないのに、総会決議の議事録が作成されている場合など決議が存在しえない場合には、提訴権者（原告適格）や提訴期間の制限はなく、誰でも、いつでも、決議不存在確認の訴えを起こすことが認められている。なお、判決が確定すると対世効を有し、瑕疵の程度が重いことから、裁判所の裁量棄却の対象とはならない。

② 決議無効確認の訴え（会社830条2項）

株主総会および種類株主総会の決議内容が法令に違反する場合（違法な内容の計算書類の承認決議、公序良俗に違反する定款変更決議、株主有限責任の原則違反の決議、株主平等の原則違反の決議、株主総会の権限外の決議など）には、提訴権者（原告適格）や提訴期間の制限はなく、誰でも、いつでも、決議無効確認の訴えを提起することができる。なお、判決が確定すると対世効を有し、瑕疵の程度が重いことから、裁判所が裁量棄却することは認められない。

③ 決議取消しの訴え（会社831条）

株主総会および種類株主総会の決議につき、招集の手続または決議の方法の法令・定款違反または著しく不公正な場合、決議内容が定款に違反する場合、特別利害関係のある株主の議決権の行使による著しく不当な決議がなされた場合には、株主、取締役、監査役、清算人は決議の日から3か月以内であれば、決議取消しの訴えを提起することが認められている。

なお、判決が確定すると、その判決は第三者に対しても効力を有する対世効を有し（会社838条）、遡って無効となる遡及効については規定がないため、判例により有すると解されている。また、裁判所は、その違反する事実が重大でなく、かつ、決議に影響を及ぼさないものであると認めるときは裁量棄却することができる。

3　取締役と取締役会

(1)　取締役とは

取締役とは
　取締役は、誰がどのように選ぶのだろう。
　取締役には、資格が必要なのだろうか。

①　選　任

　会社の経営者である取締役は、株式会社に必ず1人以上置かなければならない（会社326条1項）。株主総会の普通決議により選任され（会社329条1項）、欠員に備えて、補欠取締役を選任することもできる（会社329条2項）。ただし、取締役という地位の重要性から、多くの株主の意思を株主総会の決議に反映させるために、定足数を総株主の議決権の3分の1未満にすることはできない（会社341条かっこ書）。

　また、取締役は、定款に別段の定めがある場合を除き、株式会社（取締役会設置会社を除く）の業務を執行し（会社348条1項）、株式会社を代表するが、取締役が2人以上いる場合には、各自会

第4章　株式会社の機関　**105**

社を代表する（会社349条1項本文・2項）。ただし、定款、定款の定めに基づく取締役の互選または株主総会の決議によって、取締役の中から代表取締役を定めることができ（会社349条3項）、代表取締役その他代表者を定めた場合には、他の取締役には代表権はない（会社349条1項ただし書）。なお、株主総会で選任された取締役の氏名は登記事項である（会社911条3項13号）。

② 資　格

取締役の資格は特別に要求されないが、法人や制限行為能力者および一定の犯罪歴を有する者は取締役になることはできない（会社331条1項）。しかし、制限行為能力者である未成年者は、法定代理人（親権者または後見人）の同意があれば、成年者と同一の能力を有すると認められることから取締役になることができる（民6条・823条・857条）。

さらに、会社に個人債務保証をして破産した経営者に対し、経済的再生の機会を与えるために、破産手続開始の決定を受け、復権前の破産者でも、株主総会の決議により取締役になることができる。

なお、公開会社については、取締役を株主に限定する旨を定款で定めることはできないが、所有と経営が一致している非公開会社においては、定款自治に委ねられ、定款の定めにより、取締役を株主に限ることができる（会社331条2項）。

③ 員数・任期

取締役会設置会社においては、取締役は3人以上であることが義務付けられているが（会社331条5項）、取締役会非設置会社では1人でもよい（会社326条1項）。

さらに、株式会社の取締役の任期については、選任後2年以内（監査等委員会設置会社および指名委員会等設置会社については選任後1年以内）に終了する事業年度のうち最終のものに関する定時株主総会の終結の時までを原則とするが、定款または株主総会の決議で短縮することができる（会社332条1項・3項・6項）。

なお、監査等委員会設置会社および指名委員会等設置会社を除く非公開会社においては、所有と経営が分離されていないことが多いので、定款により、任期を10年まで伸長することができる（会社332条2項）。

④ 解　任

取締役を解任する株主総会の決議は、選任決議同様、普通決議によらなければならないが、その定足数は、議決権を行使できる株主の議決権の過半数とし、3分の1以上の割合を定款で定めた場合には、その割合以上を要する（会社341条）。

(2) 社外取締役

社外取締役とは

社外取締役の役割とは、何だろう。
社外取締役は、なぜ必要なのだろう。

① 社外取締役の要件

社外の目による幅広い経営全体の監督が期待されている社外取締役とは、(a)株式会社の取締役であって、その株式会社または子

会社の業務執行取締役（代表取締役および業務担当取締役）もしくは執行役または支配人その他の使用人（以下「業務執行取締役等」という）でなく、かつ、就任の前10年間その株式会社またはその子会社の業務執行取締役等であったことがないこと、(b)その就任の前10年間のいずれかの時において、その株式会社または子会社の取締役、会計参与または監査役であったことがある者（業務執行取締役等であったことがあるものを除く）にあっては、その取締役、会計参与または監査役への就任の前10年間その株式会社またはその子会社の業務執行取締役等であったことがないこと、(c)その株式会社の親会社等（会社の経営を支配している自然人であるものに限る）または親会社等の取締役もしくは執行役または支配人その他の使用人でないこと、(d)その株式会社の親会社等の子会社等（その株式会社およびその子会社を除く兄弟会社）の業務執行取締役等でないこと、(e)その株式会社の取締役もしくは執行役または支配人その他の重要な使用人または親会社等（会社の経営を支配している自然人であるものに限る）の配偶者または2親等内の親族でないこと、のいずれの要件にも該当するものをいう（会社2条15号）。

なお、法制審議会会社法制部会では、重要な取引先の関係者については、「重要な取引先」の要件を明確に基準設定することが困難であることから、重要な取引先関係者でないことを社外取締役等の要件として追加しないことが提示された。

② 社外取締役を置いていない場合の理由の開示

有価証券報告書を提出しなければならない監査役会設置の公開大会社において、社外取締役を置いていない場合には、社外取締役を置くことが相当でない理由を、その年度に関する定時株主総

会で説明しなければならない（会社327条の2）。さらに、事業報告で開示することも定められている（会社施規124条2項）。

なお、法制審議会において、金融商品取引所の規則において、上場会社は独立取締役を1人以上確保するよう努める旨の規律を設ける必要がある旨の附帯決議がなされ、有価証券上場規程の改正により、上場会社は、取締役である独立役員を少なくとも1名以上確保するよう努めなければならない旨が定められた（有価証券上場規程445条の4）。さらに、改正会社法施行後2年を経過した場合において、社会情勢の変化等を勘案し、社外取締役設置の義務化をするかどうかを見直すものとしている（改正会社法附則25条）。

また、コーポレートガバナンス・コード（原則4－8）においても、上場会社は、社外取締役を少なくとも2名以上選任すべきであるとされた。

(3) 代表取締役

> **代表取締役とは**
> 　代表取締役は、どのような役割を担っているのだろう。
> 　代表取締役と取締役との違いは、何だろう。

① 代表取締役とは

代表取締役とは、指名委員会等設置会社以外の会社において、対外的には会社を代表し、対内的には業務執行を行い、取締役会設置会社においては、株式会社を代表する代表権を有する常設の

機関である。取締役会は、代表取締役の選定権や解職権（会社362条2項3号）のほか取締役の監督権も有し（会社362条2項2号）、取締役の中から代表取締役を選定しなければならない（会社362条3項）。また、取締役会非設置会社では、代表取締役の選定は任意であり、選定しない場合には、各取締役が会社を代表する（会社349条1項・2項・3項）。

② 員数・任期・資格

代表取締役の員数については、法律上の規定はなく1人以上であればよく数人でもよい。任期は取締役の資格を前提としているので、取締役の任期を超えることはできない。つまり、取締役の地位を喪失すれば、代表取締役の資格を維持することはできない。なお、代表取締役の氏名および住所は登記事項である（会社911条3項14号）。

③ 権　限

代表取締役は、会社の事業に関する一切の裁判上および裁判外の行為をする権限を有し（会社349条4項）、内部的に制限しても善意の第三者に対抗することはできない（会社349条5項）。さらに、会社は、代表取締役その他の代表者がその職務を行うについて、第三者に加えた損害を賠償する責任を負う（会社350条）。

なお、会社と取締役の間の訴訟については、代表取締役としての代表権はなく、会社が取締役（取締役であった者を含む）に対し、または取締役が会社に対して訴えを提起する場合には、株主総会は、その訴えについて会社を代表する者を定めることができる（会社353条）。ただし、監査役設置会社においては、監査役が会社を代表する（会社386条1項）。

④ 表見代表取締役

　外観的に代表取締役と認められるような名称（社長・副社長・頭取・理事長など）であるが、代表権のない取締役の行った行為は、外観を信じた善意の第三者を保護する必要から、会社が善意の第三者に対して責任を負う（会社354条）。このような取締役を表見代表取締役という。

(4) 取締役会

取締役会とは
　取締役会には、どのような権限があるのだろう。
　取締役会と取締役とは、どのような関係なのだろう。

① 職務と権限

　非公開会社は、取締役会の設置は任意であるが、公開会社、監査役会設置会社、監査等委員会設置会社、指名委員会等設置会社は、取締役会の設置が強制される（会社327条1項）。取締役会は、すべての取締役で組織され（会社362条1項）、業務執行の決定、取締役の監視・監督および取締役の中から代表取締役を選定しまたは解職する（会社362条2項・3項）。

　取締役会は、(a)重要な財産の処分および譲受け、(b)多額の借財、(c)支配人その他の重要な使用人の選任および解任、(d)支店その他の重要な組織の設置、変更および廃止、(e)募集社債の重要な募集事項、(f)内部統制システムの整備ならびに企業グループ内部統制システム、(g)定款の定めに基づく役員の責任免除、その他の重要

な業務執行の決定を取締役に委任することができない（会社362条4項）。

取締役会の決定に基づいて、業務執行取締役（代表取締役および業務担当取締役）は業務を執行し（会社363条1項）、取締役会は、取締役の職務執行の監視・監督を行うため（会社362条2項2号）、業務執行取締役は、職務執行状況を、3か月に1回以上、取締役会に報告することを要求されている（会社363条2項）。

なお、健全な会社経営を行うためには、リスクの状況を把握し制御するリスク管理体制を整備する必要があることから、取締役の職務の執行が法令および定款に適合することを確保するための体制、その他株式会社の業務ならびにその株式会社および子会社から成る企業集団の業務の適正を確保するために必要な体制（内部統制システムならびに企業グループ内部統制システム）の整備を（会社348条3項4号・362条4項6号・399条の13第1項1号ハ・416条1項1号ホ）、大会社では取締役または取締役会が、監査等委員会設置会社および指名委員会等設置会社においては取締役会が決定しなければならない（会社348条4項・362条5項・399条の13第2項・416条2項）。

② 招　集

取締役会の招集権者は、定款または取締役会の決議をもって特定の取締役に限定することはできるが、原則として各取締役である（会社366条1項）。なお、監査役は、取締役会に出席し、必要があると認めるときは、意見を述べなければならず（会社383条1項）、監査役も取締役に対する取締役会招集請求権を有する（会社383条2項）。

また、監査役設置会社および監査等委員会設置会社、指名委員

会等設置会社を除く取締役会設置会社の株主は、取締役がその会社の目的外の行為その他法令もしくは定款に違反する行為をしたか、これらの行為をするおそれがあるときは、取締役会の招集を請求することができる（会社367条1項）。なお、招集権者がこれに応じないときは、自ら招集することができ（会社367条3項）、請求を行った株主は、取締役会に出席し意見を陳述することもできる（会社367条4項）。

　また、取締役会の招集は、会日から1週間前までに各取締役および各監査役に対して通知をしなければならないが、定款でこの期間を短縮することができ（会社368条1項）、通知の方法は書面でも口頭でもよいが、招集通知なしに開催された取締役会決議は無効となる。ただし、取締役や監査役の全員の同意がある定例日開催は、招集手続を省略することが認められている（会社368条2項）。

③　決　議

　取締役会における取締役の議決権は各自1個であり、取締役会の決議は、取締役の過半数が出席し、出席取締役の過半数の賛成をもって行うが、定款でこの要件を加重することは可能である（会社369条1項）。ただし、取締役会の決議において、取締役が特別利害関係人である場合には、取締役会議長になることおよび議決権を行使することはできず、定足数や議決権の数に算入することは認められない（会社369条2項）。なお、取締役は独任制の機関ではないため、取締役会の決議には必ず従わなければならない。

　また、取締役会設置会社においては、取締役会の決議の目的事項について取締役が提案をした場合、取締役の全員が書面または電磁的記録により同意をしたときは、定款で取締役会の提案可決

の決議（書面決議または電子決議）があったものとみなす旨を定めることができる。ただし、監査役設置会社において、監査役がその提案について異議を述べたときは認められない（会社370条）。

さらに、取締役会の決議を書面決議（持ち回り決議）で行うことができ、一定の要件を満たした電話会議やテレビ会議についても認められる。特に、海外や遠方に駐在する取締役がいる場合には、迅速な業務執行が可能となる。

なお、取締役会の決議に法令または定款に違反する瑕疵があった場合には、会社法上の規定はないが、誰でも、いつでも、無効を主張できるものと解されている。

④ 議事録

取締役会の議事については、議事録を作成しなければならず（会社369条3項）、決議に参加し、議事録に異議をとどめなかった取締役は、その決議に賛成したものと推定され連帯して責任を負う（会社369条5項）。

特に、中小会社においては、取締役会を開催せず、取締役会議事録だけを作成する場合には、取締役の法的責任の問題が生じたときは争いとなるので、違法な方法による法的リスクを負うことのないよう注意する必要がある。

さらに、取締役会議事録または取締役全員の意思表示を記載・記録した書面または電磁的記録（以下「議事録等」という）を、取締役会の日から10年間本店に備え置くことが義務付けられている（会社371条1項）。

株主は、その権利を行使するために必要なときは、会社の営業時間内であれば、議事録等の閲覧・謄写の請求をすることができるが（会社371条2項）、監査役設置会社または監査等委員会設置

会社および指名委員会等設置会社の株主、および役員または執行役の責任を追及するために必要がある会社債権者または親会社社員は、裁判所の許可を得て、議事録等について閲覧・謄写を請求することができる（会社371条3項・4項・5項）。

ただし、閲覧・謄写することにより、その会社またはその親会社もしくは子会社に著しい損害を及ぼす危険性があるときは、裁判所は許可をすることができない（会社371条6項）。

⑤ 特別取締役

取締役会設置会社（指名委員会等設置会社を除く）において、取締役の数が6人以上であり、取締役のうち1人以上が社外取締役である場合には、取締役会は、重要な財産の処分および譲受け、多額の借財に関する取締役会の決議については、あらかじめ選定した3人以上の取締役（以下「特別取締役」という）のうち、議決に加わることができるものの過半数（これを上回る割合を取締役会で定めた場合においては、その割合以上）が出席し、その過半数（これを上回る割合を取締役会で定めた場合においては、その割合以上）をもって行うことができる旨を定めることができる（会社373条1項）。

また、特別取締役の互選によって定められた者は、取締役会の決議後、遅滞なく、その決議内容を特別取締役以外の取締役に報告しなければならない（会社373条3項）。なお、監査役が2人以上いる場合、監査役の互選により、監査役の中から特別取締役による取締役会に出席する監査役を定めることができる（会社383条1項）。

(5) 取締役の義務と責任

> **point !**
>
> **取締役の会社や株主に対する義務と責任とは**
> 取締役の会社に対する義務とは、どのような義務なのだろう。
> 取締役と株主との関係は、どのような関係なのだろう。

　取締役と会社は委任の関係にあり（会社330条）、取締役は、善良な管理者の注意をもって委任事務を処理すべき善管注意義務を負う（民644条）。また、取締役は、法令および定款の定めならびに株主総会の決議を守り、会社のために忠実に職務を遂行する忠実義務を負う（会社355条）。

　さらに、取締役は、競業取引（取締役が自己または第三者のために株式会社の事業の部類に属する取引）、または利益相反取引（取締役が自己または第三者のために株式会社とする取引および株式会社が取締役の債務を保証するとき）をしようとするときには、取締役の地位を利用し、会社の利益を犠牲にして自己または第三者の利益を図るおそれがあるので、株主総会において、普通決議による承認が義務付けられている（会社356条1項）。

　ただし、取締役会設置会社においては、取締役会の承認決議を必要とし（会社365条1項）、取締役は、その取引後、遅滞なく取締役会にその重要な事実を報告しなければならない（会社365条2項）。したがって、株主総会または取締役会の承認のない取引は無効であり、承認を受けずに取引をした取締役は、義務違反を理由として、株主総会の普通決議により解任され（会社339条1項）、損害賠償を請求される（会社423条）。

また、取締役は、会社に著しい損害を及ぼすおそれのある事実があることを発見したときは、直ちに、その事実を株主（監査役設置会社においては監査役、監査役会設置会社においては監査役会、監査等委員会設置会社においては監査等委員会）に報告しなければならない（会社357条）。

　さらに、株式会社の業務の執行に関し、不正の行為または法令・定款に反する重大な事実があることを疑うに足りる事由があるときは、総株主の議決権の100分の3以上の議決権を有する株主、または発行済株式（自己株式を除く）の100分の3以上の数の株式を有する株主は、その会社の業務および財産の状況を調査させるために、裁判所に対し、検査役の選任の申立てをすることができる（会社358条1項）。

　さらに、6か月前から引き続き株式を有する株主（非公開会社については、6か月の保有期間制限はない）は、取締役が会社の目的の範囲外の行為その他法令・定款の具体的規定に違反する行為をし、またはこれらの行為をするおそれがある場合、その行為によって会社に著しい損害が生ずるおそれがあるときは、事前にこれを防止するために、株主に、取締役の違法行為差止請求権を認めた（会社360条1項・2項）。なお、差止請求権は監査役にも認められている（会社385条）。しかし、会社が権利を行使しない場合に、株主が会社に代わって取締役に請求するものである。

4 会計参与

> **point！**
>
> **会計参与とは**
> 会計参与制度が導入された背景は、何だろう。
> 会計参与の資格と役割は、何だろう。

(1) 会計参与とは

　会社法の制定に伴い、最低資本金制度が廃止され、株主有限責任制度のもとで会社債権者保護を図るには、会社の適正な財務情報の開示が重要となる。そのため、計算書類の信頼性および適正性を担保することを目的とする制度として、会計参与制度が導入された。

　会計参与は、定款の定めによって規模や機関設計にかかわらず、任意に設置することができる株式会社の業務執行機関であり（会社326条2項）、取締役または執行役と共同して計算書類等を作成する権限を有する。ただし、持分会社や特例有限会社は、会計参与を設置することができない。

　なお、取締役会設置の非公開中小会社においては、会計参与を設置する場合には、監査役（監査役会を含む）または委員会の設置義務はない（会社327条2項ただし書）。

① 選解任

　会計参与の選任は、株主総会の普通決議により行われるが、定款をもって加重することも可能であり（会社329条1項・341条）、

設立の際には、発起人または創立総会により選任される（会社38条2項1号・88条）。また、補欠の会計参与の選任も認められている（会社329条3項）。

また、株主総会の普通決議で会計参与を解任することができ（会社339条1項・341条）、株主総会において、会計参与は、会計参与の選任もしくは解任または辞任についての意見陳述が認められている（会社345条1項）。さらに、会計参与の氏名または名称、計算書類等の備置場所を登記することが義務付けられている（会社911条3項16号）。

② 資　格

会計参与は、公認会計士・監査法人または税理士・税理士法人でなければならないが（会社333条1項）、会社の会計監査人となることはできず（会社337条3項1号）、会社またはその子会社の取締役、監査役もしくは執行役または支配人その他の使用人との兼任は禁止されている（会社333条3項1号）。なお、顧問税理士は、顧問税理士のまま会計参与を兼務することができる。

③ 任　期

会計参与の任期については、取締役の規定が準用され、原則として2年であるが、監査等委員会設置会社および指名委員会等設置会社では、原則1年である。なお、非公開会社においては、定款により10年まで伸長することができる（会社334条1項）。

(2) 職務と権限

① 計算書類等の作成

会計参与は、計算書類等（計算書類およびその附属明細書、臨時計算書類、連結計算書類）を、取締役または執行役（指名委員会等設置会社）と共同で作成し、その作成経過等について会計参与報告を作成することを職務としている（会社374条1項・6項）。なお、会計参与の職務執行は、監査役（監査役設置会社）または監査等委員会（監査等委員会設置会社）および監査委員会（指名委員会等設置会社）の監査の対象となる（会社381条1項・399条の2第3項1号・404条2項1号）。

② 調査権

会計帳簿または関連資料（書面または電磁的記録）の閲覧または謄写をし、取締役および執行役ならびに支配人その他の使用人に対して、会計に関する報告を求めることが認められている（会社374条2項・6項）。さらに、必要があるときは、子会社に対して会計に関する報告を求め、会社およびその子会社の業務および財産の状況の調査をすることができる調査権を有する（会社374条3項）。

③ 意見陳述義務

会計参与が、取締役（指名委員会等設置会社においては、執行役）と意見を異にし、計算書類等を作成することができない場合には、辞任をして、株主総会においてその旨および理由を述べるか（会社345条2項）、辞任せずに、株主総会において意見を述べることができる（会社377条1項）。

また、取締役会設置会社の会計参与は、毎回の取締役会への出席義務はないが、計算書類等の承認を行う取締役会に出席し、必要があるときは意見陳述が義務付けられている（会社376条1項）。

④ 報告義務

会計参与は、取締役または執行役（指名委員会等設置会社）の職務の執行に関し、不正の行為または法令もしくは定款に違反する重大な事実があることを発見したときは、遅滞なく、株主、監査役（会）または監査等委員会および監査委員会に対して報告することが義務付けられている（会社375条）。ただし、この報告義務は、会計に関する事項に限定されないことから、会計参与は、報告義務を怠り、会社に損害が生じた場合には損害賠償責任を負う。

⑤ 計算書類の備置き・閲覧等

会計参与は、各事業年度の計算書類およびその附属明細書ならびに会計参与報告については定時株主総会の日の1週間（取締役会設置会社においては、2週間）前の日から5年間、臨時計算書類および会計参与報告については作成日から5年間、会社の本店または支店と、公認会計士または税理士の事務所等、会計参与が定めた場所に備え置くことが義務付けられている（会社378条1項、会社施規103条）。

さらに、株主および債権者は、いつでも会計参与に対し、計算書類およびその附属明細書ならびに会計参与報告の書面の閲覧や謄本または抄本の交付の請求または電磁的記録の閲覧やその事項を記載した書面の交付の請求をすることが認められている（会社378条2項、会社施規104条）。また、会計参与設置会社の親会社社

員は、その権利を行使するために必要があるときは、裁判所の許可を得て、計算書類の閲覧等の請求をすることができる（会社378条3項）。

5 監査役と監査役会

(1) 監査役

監査役とは
　監査役の資格と役割は、何だろう。
　監査役の独任制とは、どのような意味なのだろう。
　監査役の監査は、適法性監査に限定されるのか、それとも、妥当性監査にも及ぶのだろうか。

【監査役設置会社】

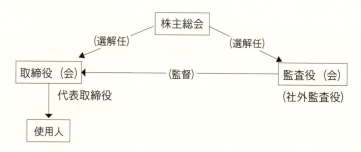

① 監査役とは

監査役とは、株主が取締役を監督するだけでは不十分なので、

株主総会が選任して、取締役の職務執行を監査する機関をいう。したがって、会社から監査を委任（会社330条）されているのであるから善管注意義務を負うが（民644条）、取締役と異なり、忠実義務を定める規定はない。監査役は、各自が独立して監査権限を有する独任制の機関であり、実地監査を行い、取締役の職務の執行について業務監査および会計監査を行う権限を有する。

株式会社は、定款の定めにより、監査役の設置は任意であるが（会社326条2項）、取締役会設置会社では、株主総会の権限が制約されることから、取締役を監査するために監査役の設置が強制されている。ただし、取締役会設置の非公開中小会社である会計参与設置会社については、監査役の設置義務はない（会社327条2項）。

また、監査等委員会設置会社および指名委員会等設置会社を除く会計監査人設置会社では、会計監査人の取締役からの独立性の確保のため、業務監査権を有する監査役を置かなければならない（会社327条3項）。

したがって、監査役を設置しなくてもよいのは、取締役会非設置の非公開中小会社か、取締役会と会計参与を設置している非公開中小会社である。なお、監査等委員会設置会社および指名委員会等設置会社は、監査等委員会および監査委員会が設置されるので、監査役を置いてはならない（会社327条4項）。

② 選解任

監査役は、株主総会の普通決議により選任され（会社329条1項）、補欠の監査役も選任することができる（会社329条3項、会社施規96条）。ただし、監査役は株主総会において選任につき意見を述べることができる（会社345条4項・1項）。なお、監査役の選任および変更は登記事項である（会社911条3項17号）。

また、取締役が株主総会に提出する監査役選任議案は、監査役の過半数または監査役会の同意が必要である（監査役の同意権）（会社343条1項・3項）。さらに、取締役に対し、監査役（会）は、監査役選任を株主総会の目的とすること、または監査役選任議案を株主総会に付議することも請求することができる（監査役選任議案提出請求権）（会社343条2項・3項）。

　なお、公開会社では、監査役が株主でなければならない旨を定款で定めることはできないが、非公開会社においては、定款で監査役を株主に限定することができ、監査役の資格は特別に要求されないが、監査役の資格および欠格事由については、取締役の規定が準用される（会社335条1項・331条1項・2項）。

　また、監査役と監査される者が同一では自己監査になることから、監査役は、株式会社もしくはその子会社の取締役または支配人その他の使用人または子会社の会計参与もしくは執行役を兼任することは認められない（会社335条2項）。ただし、親会社の監査役・取締役・使用人が子会社の監査役を兼ねることは認められているが、監査役は会計監査人になることは禁止されている。

　また、監査役は、株主総会の特別決議により解任することができる（会社339条1項、309条2項7号）。

③　員数・任期

　監査役の員数については、1人でも複数でも定款で自由に定めることができる。ただし、監査役会においては、監査役の人数は3人以上を要し、監査役の中から常勤監査役を定め、監査役のうち半数以上は社外監査役でなければならない（会社335条3項・390条3項）。

　さらに、監査役の任期は、選任後4年以内に終了する事業年度

のうち最終のものに関する定時株主総会の終結の時までである（会社336条1項）。なお、取締役と異なり、監査役の地位を保障し独立性を担保するために、定款または株主総会の決議によっても任期を短縮することはできない。ただし、非公開会社においては、定款により、任期を選任後10年以内に終了する事業年度のうち最終のものに関する定時株主総会の終結の時まで伸長することができる（会社336条2項）。

④ 職務と権限

　監査役は、原則として、業務監査と会計監査の権限を有し、取締役および会計参与の職務の執行を監査し、監査報告を作成する義務がある（会社381条1項）。したがって、監査役は、取締役、会計参与、支配人、その他の使用人に対する事業報告徴収権および会社の業務財産状況調査権（会社381条2項）、または、その職務を行うために必要があるときは、その会社の子会社に対して事業の報告を求め、業務および財産の状況の調査をすることができる子会社調査権を有する（会社381条3項）。しかし、子会社は、正当な理由があるときは、その報告または調査を拒むことが認められている（会社381条4項）。

　また、取締役は、会社に対し著しい損害を及ぼすおそれのあるときは、直ちに、監査役または監査役会に報告することが義務付けられている（会社357条）。さらに、監査役は、取締役が不正な行為をしたか、そのおそれがあるとき、または法令・定款に違反する事実もしくは著しく不当な事実があるときは、遅滞なく、その旨を取締役または取締役会に報告しなければならない（会社382条）。

　なお、監査役は、取締役会に出席し、必要があるときには、意

見陳述をしなければならない（会社383条1項）。また、監査役は、招集権を有する取締役に対し取締役会の招集の請求をすることができるが（会社383条2項）、取締役会が招集されない場合には、監査役が取締役会を招集することができる（会社383条3項）。

また、監査役は、株主総会提出議案等を調査し、法令・定款に違反し、または著しく不当な事項があるときには、その調査結果を株主総会に報告する義務がある（会社384条、会社施規106条）。さらに、監査役は、取締役に対し違法行為差止請求権を有する（会社385条1項）。

さらに、会社が取締役に対し、もしくは取締役が会社に対して訴えを提起する場合には、監査役が会社を代表し（会社386条1項）、株主が会社に対し取締役の責任を追及する訴訟の提起を請求する場合にも、監査役が会社を代表する（会社386条2項）。しかし、監査役の監査が、適法性監査に限定されるのか、妥当性監査にも及ぶのかについては見解が分かれている。

⑤ 会計監査限定監査役

監査役会設置会社および会計監査人設置会社を除く非公開会社においては、監査役の監査の範囲を会計に関するものに限定する旨を定款に定めることができる（会社389条1項）。この定款の定めがある会計監査限定監査役は、一般の監査役同様、監査報告を作成しなければならない（会社389条2項）。さらに、取締役が株主総会に提出しようとする会計に関する議案、書類その他の法務省令で定めるものを調査し、その調査の結果を株主総会に報告しなければならない（会社389条3項）。

⑥ 株主の監督権限の強化

会計監査限定監査役は、業務監査の権限を有しないので、会社の業務財産状況調査権（会社381条）、取締役への報告義務（会社382条）、取締役会への出席義務等（会社383条）、株主総会に対する報告義務（会社384条）、取締役の違法行為差止請求権（会社385条）、訴訟における会社の代表権（会社386条）のいずれも認められない（会社389条7項）。

したがって、会計監査限定監査役設置会社および監査役非設置会社においては、取締役の株主への報告義務（会社357条1項）、株主による取締役の違法行為差止請求権（会社360条）、株主による取締役会の招集請求権・出席権・意見陳述権（会社367条）、株主による裁判所の許可なしでの取締役会議事録の閲覧・謄写請求権（会社371条2項）、会計参与の株主への報告義務（会社375条1項）、定款による役員等の損害賠償責任の一部免除の株主による不適用（会社426条7項）等による株主の監督権限の強化が図られている。

⑦ 監査役の報酬等

監査役の報酬等は、定款または株主総会決議および監査役の協議で取締役とは別個に決定され（会社387条1項・2項）、監査役は、株主総会において、その報酬等について意見を述べることができる（会社387条3項）。また、監査役が、その職務の執行について会社に対し費用および利息の償還、負担した債務の弁済の請求をしたときは、会社は、その請求に係る費用または債務が、その職務の執行に必要ないことを証明しない限り、支払を拒むことはできない（会社388条）。

(2) 監査役会

💡 point！

監査役会とは

監査役会と監査役は、どのような関係にあり、どのような権限があるのだろう。

社外取締役と社外監査役は、どのような違いがあるのだろう。

① 監査役会とは

非公開会社または監査等委員会設置会社および指名委員会等設置会社を除く大会社においては、すべての監査役で構成する監査役会を設置することが強制されている（会社328条1項・390条1項）。

また、監査役会は、常勤監査役を選定する必要があり（会社390条3項）、半数以上の社外監査役を含む3人以上で構成されなければならない（会社335条3項）。監査役会設置会社である旨および監査役の氏名、社外監査役である旨を登記することが義務付けられている（会社911条3項17号・18号）。

監査役会の職務は、監査報告の作成、常勤監査役の選定および解任、監査の方針、会社業務および財産状況の調査方法、その他の監査役の職務の執行に関する事項の決定である（会社390条2項本文）。なお、各監査役は独立した監査権限を有する独任制の機関であるが、監査役会において監査方法の決定や役割分担を協議することはできる。ただし、監査役会の決定は、各監査役の権限行使を妨げない（会社390条2項ただし書）。さらに、監査役は、監査役会の求めに応じて、職務の執行状況を監査役会に対し報告

する必要がある（会社390条4項）。

② 社外監査役の要件

社外監査役とは、株式会社の監査役であって、(a)その就任の前10年間その株式会社または子会社の取締役、会計参与もしくは執行役または支配人その他の使用人であったことがないこと、(b)その就任の前10年間のいずれかの時において、その株式会社または子会社の監査役であったことがある者にあっては、その監査役への就任の前10年間その株式会社またはその子会社の取締役、会計参与もしくは執行役または支配人その他の使用人であったことがないこと、(c)その株式会社の親会社等（会社の経営を支配している自然人であるものに限る）または親会社等の取締役、監査役もしくは執行役または支配人その他の使用人でないこと、(d)その株式会社の親会社等の子会社等（その株式会社またはその子会社を除く兄弟会社）の業務執行取締役等でないこと、(e)その株式会社の取締役もしくは支配人その他の重要な使用人または親会社等（会社の経営を支配している自然人であるものに限る）の配偶者または2親等内の親族でないこと、のいずれの要件にも該当するものをいう（会社2条16号）。

③ 監査役会の運営

監査役会は、各監査役が招集し（会社391条）、監査役会の日の1週間前までに、各監査役に対して通知をする必要があるが（会社392条1項）、すべての監査役の同意により、招集手続を省略することができる（会社392条2項）。

また、監査役会の決議は、取締役会決議の場合と異なり、すべての監査役の過半数が出席して、出席監査役の過半数の賛成では

なく、すべての監査役の過半数の賛成をもって決議される（会社393条1項）。なお、書面決議（持ち回り決議）は認められないが、一定の要件を満たした電話会議やテレビ会議は認められる。

さらに、監査役会議事録を作成し（会社393条2項）、監査役会の日から10年間、議事録をその本店に備え置く必要がある（会社394条1項）。なお、議事録に異議をとどめなかった監査役は、その決議に賛成したものとみなされる（会社393条4項）。

また、株主および親会社社員が権利行使のために必要があるとき、または債権者が役員の責任を追及する必要があるときには、監査役会議事録（書面または電磁的記録）の閲覧または謄写を請求することが認められているが、裁判所の許可が必要である（会社394条2項・3項）。なお、裁判所は、閲覧・謄写により会社またはその親会社もしくは子会社に著しい損害を与えるおそれがあるときには許可することができない（会社394条4項）。

(3) 監査役の義務と責任

> **監査役の会社や株主に対する義務と責任とは**
> 監査役の責任とは、どのような責任なのだろう。
> 監査役と株主との関係は、どのような関係なのだろう。

監査役は、会社から監査を委任（会社330条）されているのであるから善管注意義務を負うが（民644条）、取締役と異なり、忠実義務を定める規定はない。また、監査役の会社に対する責任については、任務懈怠による損害賠償責任は連帯して負う旨が規定

され(会社423条1項)、総株主の同意がない限り免除されない(会社424条)。さらに、監査役は、悪意または重過失によって第三者に生じた損害賠償の責任を負う(会社429条1項)。監査役が損害賠償責任を負う場合、他の役員等も連帯債務者となる(会社430条)。

また、株主総会の特別決議または定款規定に基づく取締役会決議による取締役の責任軽減は監査役に準用され(会社425条1項・426条1項)、責任の限度額は報酬等の2年分相当額である(会社425条1項1号ハ)。なお、監査役に対する株主代表訴訟も認められている(会社847条)。

6 会計監査人

(1) 会計監査人とは

会計監査人とは
　外部の独立した会計監査人を置く必要性はあるのだろうか。
　会計監査人と会計参与は、どのような違いがあるのだろう。
　会計監査人の選解任の決定に関しては、会社法改正により「インセンティブのねじれ」が是正されたといわれているが、どういう意味なのだろう。

① 設　置

　外部の独立した会計監査機関である会計監査人は、株式会社から監査を委任されているのであるから(会社330条)、会社に対し

て善管注意義務を負う（民644条）。大会社は会計監査人の設置が義務付けられているが（会社328条）、中小会社では任意である（会社326条2項）。しかし、監査等委員会設置会社および指名委員会等設置会社では、大会社であるか否かを問わず会計監査人の設置が強制されている（会社327条5項）。

ただし、会計監査人を設置した場合（監査等委員会設置会社および指名委員会等設置会社を除く）には、監査役の設置が義務付けられ（会社327条3項）、その旨およびその氏名等を登記する必要がある（会社911条3項19号）。

② 選解任

会計監査人は、公認会計士または監査法人であり（会社337条1項）、株主総会の普通決議により選任されるが（会社329条1項）、任期は、選任後1年以内に終了する事業年度のうち最終のものに関する定時株主総会の終結の時までである（会社338条1項）。任期が終了する定時株主総会において不再任決議がなされなかったときは、再任されたものとみなされる（会社338条2項）。

また、株主総会は、普通決議をもって会計監査人を解任することができるが（会社339条1項）、会計監査人は、正当な理由がない解任については、会社に対して損害賠償を請求することができる（会社339条2項）。

さらに、監査役（会）、監査等委員会または監査委員会は、会計監査人が、職務上の義務に違反しまたは職務懈怠があったとき、非行があったとき、および心身の故障のため職務の執行に支障があるときは、その会計監査人を解任することができる（会社340条1項・4項・5項・6項）。ただし、監査役、監査等委員または監査委員全員の同意がなければならず（会社340条2項・5項・6項）、

その旨および解任の理由を解任後最初に招集された株主総会で報告しなければならない（会社340条3項・5項・6項）。

③ 選解任等に関する議案の決定権

監査を受ける立場にある取締役が、会計監査人の選解任等に関する議案等および報酬等を決定するのは、「インセンティブのねじれ」があることから、同じく監査する立場にある監査役（会）、監査等委員会または監査委員会が、株主総会に提出する会計監査人の選解任等に関する議案の内容についての決定権を有することとなった（会社344条・399条の2第3項2号・404条2項2号）。なお、会計監査人の報酬等の決定は、財務に関わる経営判断と密接に関連するものであることから、取締役（会）が行うが、監査役（会）、監査等委員会または監査委員会の同意を得なければならない（会社399条）。

(2) 職務と権限

① 監査権限

会計監査人の職務は、株式会社の計算書類等（計算書類およびその附属明細書、臨時計算書類、連結計算書類）を監査し、会計監査報告を作成することである（会社396条1項、会社計規126条）。

また、会計監査人は、会計帳簿またはこれに関する資料（書面または電磁的記録）の閲覧および謄写を請求し、取締役、執行役、会計参与、支配人、その他の使用人に対し、会計に関する報告を求めることができる（会社396条2項・6項）。

さらに、必要があるときは、子会社に対して会計に関する報告を求め、または会社もしくはその子会社の業務および財産の状況

の調査をする権限を有する(会社396条3項)。ただし、子会社は、正当な理由があるときは、その報告または調査を拒否することが認められている(会社396条4項)。

また、計算書類等の適法性について、会計監査人が監査役(会)・監査等委員(会)・監査委員(会)と意見を異にするときは、定時株主総会に出席して意見陳述をすることができ、定時株主総会において出席を求める決議があったときには出席して意見を述べなければならない(会社398条)。

② 報告義務

会計監査人は、執行役または取締役の職務の執行に関し不正行為または法令・定款に反する重大な事実があるときは、遅滞なく、監査役(会)、監査等委員会または監査委員会に報告することが義務付けられている(会社397条1項・3項・4項)。なお、この報告義務については、会計に関する事項に限定されない。

7 監査等委員会設置会社

監査等委員会設置会社とは

監査等委員会設置会社制度が創設された背景は、何だろう。
監査等委員と監査等委員会および取締役会は、どのような関係にあり、どのような権限の違いがあるのだろう。

【監査等委員会設置会社】

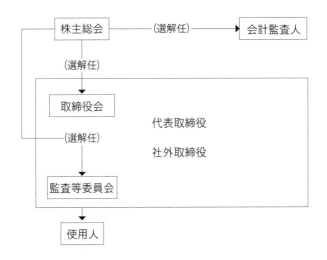

(1) 監査等委員会設置会社とは

　会社法改正前において、監査役会設置会社では、社外監査役に加えて社外取締役も選任することの負担感があり、委員会設置会社（改正後は指名委員会等設置会社）においては、社外取締役に取締役の人事および報酬の決定権を委ねる指名委員会および報酬委員会を置くことに対する抵抗感から、社外取締役の機能を利用しやすい機関設計となっていないという議論が背景にあり、社外監査役と社外取締役の双方を選任する負担や、指名委員会や報酬委員会の強制設置といった問題が解消され、監査役会設置会社と委員会設置会社の中間的機関設計として採用が任意な監査等委員会設置会社が創設された。

　監査等委員会設置会社制度を採用することは、社外取締役の活

用を促進するための方策として、社外取締役が構成員の中心となる監査等委員会が監査・監督等を担い、取締役である監査等委員は取締役会において議決権を行使することができ、海外からも理解を得られやすい制度設計となっていることから、近年、この制度を採用する上場会社が増える傾向にある。

このような監査等委員会設置会社とは、定款の定めによって監査等委員会を置く株式会社をいう（会社2条11号の2・326条2項）。監査等委員会設置会社には、取締役会および会計監査人を置かなければならず（会社327条1項3号・5項）、監査役を置いてはならない（会社327条4項）。なお、指名委員会等設置会社には、監査等委員会を置いてはならない（会社327条6項）。

また、代表取締役等の取締役が監査等委員会設置会社の業務を執行し、監査等委員会の委員である取締役は、それ以外の取締役と区別して、株主総会の普通決議により選任され（会社329条2項）、解任は株主総会の特別決議による（会社344条の2第3項・309条2項7号）。

監査等委員会は、監査等委員である取締役3人以上で組織され、その過半数は、社外取締役でなければならず（会社331条6項）、監査等委員会が選定する監査等委員は、株主総会において、監査等委員である取締役以外の取締役の選任もしくは解任または辞任および報酬等について監査等委員会の意見を述べることができる（会社342条の2第4項・361条6項）。

さらに、監査等委員会設置会社においては、監査等委員会を設置するのみで、指名委員会や報酬委員会の設置は任意であり、常勤の監査等委員を選任する必要もない。また、取締役の過半数が社外取締役である場合や取締役会の決議により定款で定めた場合には、重要な業務執行の決定を個々の取締役に委任することがで

き、取締役会の機能は監督が中心となり、監督にあたる取締役が業務執行の決定に関与しなくてもよいことから、業務執行と監督の分離が図られることになる。

なお、監査等委員会設置会社の選択は任意であるが、株式会社のうち公開会社と非公開大会社は、監査役（会）設置会社、監査等委員会設置会社、指名委員会等設置会社の制度設計のいずれかを選択しなければならない。

(2) 監査等委員

① 選解任

監査等委員会設置会社においては、独立性を確保するため、監査等委員である取締役とそれ以外の取締役とを区別して、株主総会において選任しなければならない（会社329条2項）。この場合、監査等委員である取締役は、監査等委員会設置会社もしくはその子会社の業務執行取締役もしくは支配人その他の使用人またはその子会社の会計参与もしくは執行役を兼ねることはできない（会社331条3項）。なお、監査等委員である取締役は、3人以上で、その過半数は社外取締役でなければならない（会社331条6項）。

また、取締役は、監査等委員である取締役の選任議案を株主総会に提出するには、監査等委員会の同意を得なければならない（会社344条の2第1項）。さらに、監査等委員会は、取締役に対し、監査等委員である取締役の選任を株主総会の目的とすること、または監査等委員である取締役の選任議案を株主総会に提出することを請求することができる（会社344条の2第2項）。

なお、監査等委員である取締役の解任は、株主総会特別決議によらなければならず、監査等委員以外の取締役の解任は株主総会

普通決議による（会社344条の2第3項）。また、監査等委員である取締役は、株主総会において、監査等委員である取締役およびそれ以外の取締役の選任もしくは解任または辞任について意見を述べることができる（会社342条の2第1項・4項）。

② 任　期

任期は、監査等委員である取締役については2年である。ただし、定款または株主総会の決議によっても、その任期を短縮することはできない。なお、監査等委員以外の取締役の任期は1年である（会社332条1項・3項・4項）。

③ 報　酬

報酬については、監査等委員である取締役とそれ以外の取締役を区別して定めなければならず（会社361条2項）、監査等委員である取締役は、株主総会において、監査等委員である取締役およびそれ以外の取締役の報酬について意見を述べることができる（会社361条5項・6項）。

④ 職務と権限

(イ) 調査権

監査等委員会が選定する監査等委員は、取締役および会計参与ならびに支配人その他の使用人に対し、その職務の執行に関する事項の報告を求め、監査等委員会設置会社の業務及び財産の状況を調査することができる（会社399条の3第1項）。さらに、子会社に対して事業の報告を求め、またはその子会社の業務及び財産の状況を調査することができる（会社399条の3第2項）。

㈡　報告義務

監査等委員は、取締役が不正の行為をし、もしくはその行為をするおそれがあると認めるとき、または法令もしくは定款に違反する事実もしくは著しく不当な事実があると認めるときは、遅滞なく、その旨を取締役会に報告しなければならない（会社399条の4）。

また、監査等委員は、取締役が株主総会に提出しようとする議案、書類等について法令もしくは定款に違反し、または著しく不当な事項があると認めるときは、その旨を株主総会に報告しなければならない（会社399条の5）。

㈢　違法行為差止請求権

監査等委員は、取締役が監査等委員会設置会社の目的の範囲外の行為その他法令もしくは定款に違反する行為をし、またはこれらの行為をするおそれがある場合において、その行為によってその会社に著しい損害が生ずるおそれがあるときは、その取締役に対し、その行為をやめることを請求することができる（会社399条の6第1項）。

㈣　会社の訴訟代表

監査等委員会設置会社が取締役（取締役であった者を含む）に対し、または取締役が監査等委員会設置会社に対して訴えを提起する場合には、その訴えについては、監査等委員がその訴えに係る訴訟の当事者である場合には、取締役会が定める者（株主総会が会社を代表する者を定めた場合は、その者）、または監査等委員がその訴えに係る訴訟の当事者でない場合には、監査等委員会が選定する監査等委員が、監査等委員会設置会社を代表する（会社399条の7第1項）。

(3) 監査等委員会

① 職務と権限

監査等委員会は、監査等委員である取締役3人以上で組織され、その過半数は、社外取締役でなければならない（会社331条6項）。監査等委員会の職務は、(a)取締役および会計参与の職務の執行の監査および監査報告の作成、(b)株主総会に提出する会計監査人の選解任ならびに会計監査人を再任しないことに関する議案の内容の決定、(c)株主総会において、監査等委員である取締役以外の取締役の選解任または辞任についての監査等委員会の意見（会社342条の2第4項）、および株主総会において、監査等委員である取締役以外の取締役の報酬等についての監査等委員会の意見（会社361条6項）の決定である（会社399条の2第3項）。したがって、監査等委員会は、監査役（会）設置会社の監査役（会）および指名委員会等設置会社の監査委員会と同様の権限を有し、指名委員会等設置会社の指名委員会と報酬委員会に準じた権限も有する。

② 運　営

(イ) 招　集

監査等委員会は各監査等委員が招集し（会社399条の8）、監査等委員会の日の1週間前までに、各監査等委員に対してその通知を発しなければならない（会社399条の9第1項）。しかし、監査等委員の全員の同意があるときは、招集手続を経ることなく開催することができる（会社399条の9第2項）。

なお、取締役および会計参与は、監査等委員会の要求があったときは、監査等委員会に出席し、監査等委員会が求めた事項について説明をしなければならない（会社399条の9第3項）

(ロ) 決　議

監査等委員会の決議は、議決に加わることができる監査等委員の過半数が出席し、その過半数をもって行う（会社399条の10第1項）。ただし、特別の利害関係を有する監査等委員は、議決に加わることはできない（会社399条の10第2項）。

(ハ) 議事録

監査等委員会の議事については、議事録を作成し、監査等委員は署名または記名押印をしなければならない（会社399条の10第3項・4項）。また、議事録に異議をとどめない監査等委員は、その決議に賛成したものと推定される（会社399条の10第5項）。

なお、監査等委員会の日から10年間、その議事録を本店に備え置かなければならず（会社399条の11第1項）、監査等委員会設置会社の株主は、その権利を行使するために必要があるときは、裁判所の許可を得て、議事録の閲覧または謄写の請求をすることができる（会社399条の11第2項）。

ただし、裁判所は、閲覧または謄写により、その会社またはその親会社もしくは子会社に、著しい損害を及ぼすおそれがあると認めるときは、閲覧または謄写の許可をすることはできない（会社399条の11第4項）。

③　利益相反取引と任務懈怠の推定の排除

監査等委員会設置会社においては、監査等委員以外の取締役がする利益相反取引について、事前に監査等委員会の承認を受けたときは、任務懈怠の推定規定は適用されない（会社423条4項）。しかし、推定はされなくても、取締役の責任の有無は任務懈怠があるかどうかであることから、訴訟により利益相反取引について任務懈怠が認定されることは十分あり得る。

(4) 取締役会

① 職務と権限

　監査等委員会設置会社の取締役会の職務は、(a)経営の基本方針、監査等委員会の職務の遂行のために必要な事項、内部統制システムおよび企業グループ内部統制システムの構築・整備、その他監査等委員会設置会社の業務執行の決定、(b)取締役の職務執行の監督、(c)代表取締役の選定および解職である（会社399条の13第1項）。

② 重要な業務執行の決定の委任の禁止

　監査等委員会設置会社の取締役会は、(a)重要な財産の処分および譲受け、(b)多額の借財、(c)支配人その他の重要な使用人の選任および解任、(d)支店その他の重要な組織の設置・変更および廃止、(e)募集社債に関する重要な事項、(f)定款の定めに基づく役員等の会社に対する損害賠償責任の免除、に関する事項その他の重要な業務執行の決定を取締役に委任することはできない（会社399条の13第4項）。

　ただし、取締役の過半数が社外取締役である場合には、取締役会の決議により、法定の重要事項を除く重要な業務執行の決定を取締役に委任することができる（会社399条の13第5項）。また、取締役会の決議によって法定の重要事項を除く重要な業務執行の決定の全部または一部を取締役に委任することができる旨を定款で定めることができる（会社399条の13第6項）。

　取締役に委任することができない法定の重要事項とは、譲渡制限株式・譲渡制限新株予約権の譲渡承認、株主との合意による自己株式取得に関する事項、株主総会の招集や提出する議案の決定、

競業取引や利益相反取引の承認、取締役会の招集権者の決定、会社・取締役間の訴えにおいての会社代表者の決定、定款の定めに基づく役員等の会社に対する損害賠償責任の免除、計算書類等の承認、組織再編等に関する契約・計画の内容の決定などである（会社399条の13第5項ただし書各号）。

なお、取締役会の招集については、招集権者の定めがある場合であっても、監査等委員会が選定する監査等委員は取締役会を招集することができる（会社399条の14）。

8 指名委員会等設置会社

指名委員会等設置会社とは

執行役、各委員会、取締役会は、どのような関係にあり、どのような権限があるのだろう。

監査役、監査等委員、監査委員の共通点と相違点は、何だろう。

(1) 指名委員会等設置会社とは

株式会社のうち、会社の規模や会社形態にかかわらず定款の定めにより、指名委員会、監査委員会および報酬委員会を置く会社を指名委員会等設置会社といい（会社2条12号・326条2項）、各委員会は委員の過半数を社外取締役で構成しなければならない（会社400条3項）。さらに、取締役会と執行役および会計監査人の設置が強制されているが（会社327条1項4号・5項・402条1項）、

【指名委員会等設置会社】

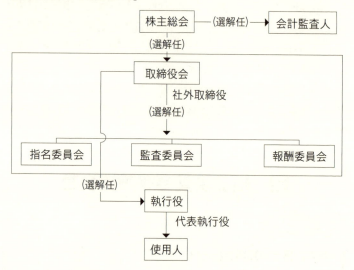

監査役および監査等委員会の設置は認められない（会社327条4項・6項）。

指名委員会等設置会社における取締役会は、基本事項の決定と各委員会の委員および執行役の選任・解任・監督などを職務とし、株主総会の権限は会社法に規定する事項と定款に定めた事項に限定され（会社295条2項）、代表執行役が会社を代表し、執行役が業務執行を行う。

つまり、業務執行の権限は取締役会から大幅に権限を委譲された執行役にあり、迅速な業務執行と取締役会の監督機能を強化した会社形態であり、上場会社を中心とした大規模な株式会社形態であるといえるが、非公開会社および公開中小会社についてもこの会社形態を採ることは認められている。

(2) 取締役および取締役会

① 取締役

　指名委員会等設置会社と取締役との関係は、委任の規定に従うので（会社330条）、取締役は、会社に対して善管注意義務（民644条）と忠実義務（会社355条）を負う。ただし、取締役は、会社の業務執行の権限はないが（会社415条）、取締役が執行役を兼務することは認められている（会社402条6項）。

　また、剰余金の配当の決定権限が取締役会にあることから、取締役は毎年の定時株主総会で信任を問われなければならない。したがって、取締役の任期は、選任後1年以内に終了する事業年度のうち最終のものに関する定時株主総会の終結時までである（会社332条1項・3項）。

② 取締役会

　指名委員会等設置会社の取締役会は、経営の基本方針、内部統制システムならびに企業グループ内部統制システムの整備、業務執行の決定および執行役等の職務の執行を監督する（会社416条1項・2項）。なお、取締役会の決議により、譲渡制限株式の譲渡の承認、自己株式取得に関する事項の決定、執行役の選任・解任、組織再編等以外の業務執行の決定を執行役に委任することは認められている（会社416条4項）。

　また、執行役は、3か月に1回以上、職務の執行の状況を取締役会に報告することが義務付けられている（会社417条4項）。さらに、執行役は、取締役会の求めにより取締役会に出席して、取締役会が要求した事項について説明しなければならない（会社417条5項）。

(3) 委員会

① 各委員会

指名委員会等設置会社において、会社法で設置が規定されている委員会には、取締役および会計参与の選任・解任に関する株主総会の議案内容を決定する権限を有する指名委員会（会社404条1項）と、取締役、執行役、会計参与の職務執行の監査および監査報告の作成、会計監査人の選任・解任・不再任に関する株主総会の議案内容を決定する権限を有する監査委員会（会社404条2項）、および取締役、執行役、会計参与が受ける個人別の報酬等の内容に係る決定に関する方針を定め、それに従い個人別の額、具体的な算定方法および金銭でない場合の個人別の具体的な内容を決定する権限を有する報酬委員会（会社404条3項・409条）の三委員会がある。

各委員会は、取締役会決議により選定した取締役3名以上で構成され（会社400条1項・2項）、各委員会は、委員の過半数を社外取締役で組織する必要がある（会社400条3項）。

取締役は複数の委員会の委員を兼務することはできるが、監査委員会の監査委員は、自分で自身を監査する自己監査となることから、その会社もしくは子会社の執行役・業務執行取締役・子会社の会計参与・支配人・その他の使用人を兼ねることは認められない（会社400条4項）。なお、各委員会の委員は、いつでも、取締役会の決議により解職することができる（会社401条1項）。

また、指名委員会等設置会社においては、監査委員会が監査の主体となり機関監査が行われるので、監査委員は、監査等委員会設置会社における監査等委員と同様、内部統制システムを利用した組織的監査を行い、実地監査を要せず、常勤者の選定は義務付

けられていない。

それに対し、監査役（会）設置会社は、監査役が独任制の立場から監査権限を行使し、実地監査を行う。なお、監査役は監査機関であることから、監査は行うが監督は行わない。

一方、監査委員は取締役であることから、取締役会の決議に参加し、取締役会を通じて取締役の監督を行うと同時に監査も行う。したがって、監査委員会は、監査等委員会設置会社における監査等委員会と同様、妥当性監査の権限も有すると解されている。

② 監査委員の職務権限

監査委員会の監査委員は、執行役、取締役、会計参与、支配人その他の使用人に対し、職務執行に関する事項の報告を求めることができ、その会社の業務および財産の状況の調査をする権限が認められている（会社405条1項）。

さらに、監査委員は、必要があるときは、その子会社に対する事業報告徴収権と業務財産状況調査権を有するが（会社405条2項）、その子会社は、正当な理由があるときは、その報告または調査を拒否することが認められている（会社405条3項）。

また、監査委員は、執行役または取締役が不正行為をしたか、その行為をするおそれがあるとき、または法令・定款に違反する事実もしくは著しく不当な事実があるときは、遅滞なく、その旨を取締役会に報告しなければならない（会社406条）。さらに、監査委員は、執行役または取締役に対し、違法行為差止請求権が認められている（会社407条1項）。

なお、指名委員会等設置会社と執行役または取締役の間の訴えについては、取締役会が定める者または監査委員会が選定する監査委員が指名委員会等設置会社を代表する（会社408条1項）。

第4章　株式会社の機関

③ 招集手続と決議

委員会は、各委員が招集し（会社410条）、委員会の日の1週間前までに、その委員会の各委員に通知をしなければならないが（会社411条1項）、その委員会の委員全員の同意があるときは、招集手続を省略して開催することができる（会社411条2項）。

なお、取締役および執行役は、委員会の求めがあったときは、その委員会に出席し、その委員会が要求した事項について説明する必要がある（会社411条3項）。委員会の決議は、特別利害関係を有する委員を除く委員の過半数が出席し、その過半数の賛成をもってなされる（会社412条1項・2項）。

④ 議事録

各委員会の議事については、書面または電磁的記録をもって議事録を作成しなければならない（会社412条3項・4項）。また、議事録に異議をとどめなかった委員は、その決議に賛成したものとみなされる（会社412条5項）。なお、委員会の日から10年間、委員会の議事録をその本店に備え置くことが義務付けられている（会社413条1項）。

さらに、取締役および裁判所の許可を得た株主・債権者・親会社社員は、権利を行使するためまたは委員の責任を追及するため必要があるときは、議事録（書面または電磁的記録）の閲覧・謄写請求権が認められている（会社413条2項・3項・4項）。

ただし、閲覧または謄写により、その会社またはその親会社もしくは子会社に、著しい損害を及ぼす危険性があるときは、裁判所は閲覧または謄写の許可をすることはできない（会社413条5項）。

(4) 執行役

① 執行役とは

執行役は、取締役会から大幅に権限を委譲され、業務執行の決定権限を有する。また、指名委員会等設置会社と執行役の関係は、委任の規定に従うので（会社402条3項）、執行役は、会社に対して善管注意義務を負い（民644条）、忠実義務および競業取引・利益相反取引の制限については取締役の規定を準用する（会社419条2項）。なお、執行役員とは、業務執行に関しては裁量権限を持っているが、会社の機関ではなく、重要な使用人であり（会社362条4項3号）、執行役とはまったく別の存在である。

② 選解任

指名委員会等設置会社においては、執行役の設置が強制されている（会社402条1項）。執行役の選解任は取締役会決議で行われ（会社402条2項・403条1項）、任期は、選任後1年以内（定款による短縮可能）に終了する事業年度のうち最終のものに関する定時株主総会の終結後最初に招集される取締役会の終結時までである。（会社402条7項）。

なお、執行役の資格・欠格事由については、取締役の規定が準用されるが（会社402条4項）、執行役が、取締役を兼務することはできる（会社402条6項）。

ただし、公開会社で指名委員会等設置会社である場合には、執行役を株主に限定する旨を定款で定めることは認められないが、非公開会社で指名委員会等設置会社である場合には可能である（会社402条5項）。

③ 職務と義務

執行役は、取締役会決議により委任された業務の決定および執行を行い（会社418条）、会社に著しい損害を及ぼすおそれがあるときは、監査委員に報告する義務がある（会社419条1項）。

なお、6か月前から引き続き株式を有する株主（非公開会社においては、6か月の保有期間制限はない）には、執行役の違法行為差止請求権が認められている（会社422条）。

④ 代表執行役

取締役会の決議により、執行役の中から代表執行役を選定する必要があるが（会社420条1項）、いつでも、取締役会の決議により解職することができる（会社420条2項）。また、
代表執行役以外の執行役に社長、副社長その他代表権を有するものと認められる名称を付した場合には、その執行役がした行為について、善意の第三者に対してその責任を負う（表見代表執行役）（会社421条）。

9 役員等の損害賠償責任

役員等の損害賠償責任とは

　役員等の損害賠償責任を軽減する制度は、なぜ必要なのだろうか。

　利益相反取引と利益供与に対する損害賠償責任には、なぜ過失責任と無過失責任があるのだろうか。

(1) 会社に対する損害賠償責任

① 原 則

　役員等（取締役、会計参与、監査役、執行役、会計監査人）は、任務懈怠により生じた損害があった場合には、株式会社に対し損害賠償責任を負わなければならない（会社423条1項）。役員等の損害賠償責任は、原則として株主全員が同意しなければ免除することは認められない（会社424条）。

② 責任の軽減

　役員等の損害賠償責任を厳しく問うことで、経営のリスクを極端に恐れ、委縮した経営を行うことになっては、かえって会社の利益を損ねることになりかねない。そこで、役員等の損害賠償責任を軽減する制度が導入された。

　(イ)　株主総会決議による責任軽減の規定

　役員等の損害賠償責任は、善意かつ無重過失の場合には、株主総会の特別決議により一部免除することができる。ただし、賠償責任負担額から最低責任限度額を控除した額（免除額）を限度とする（会社425条1項）。なお、最低責任限度額とは、(a)代表取締役または代表執行役の年の報酬等の6年分、(b)代表取締役以外の取締役（業務執行取締役等であるものに限る）または代表執行役以外の執行役の年の報酬等の4年分、(c)取締役（(a)および(b)に掲げるものを除く）、会計参与、監査役または会計監査人の年の報酬等の2年分、(d)役員等が会社から新株予約権を引き受けた場合の利益相当額の合計額である。

　なお、取締役は、株主総会において、責任を免除すべき理由および免除額を開示し（会社425条2項）、各監査役または各監査等

委員および各監査委員の同意を得る必要がある（会社425条3項・426条2項）。

(ロ)　取締役（会）による責任軽減に関する定款の定めの規定

監査役設置会社または監査等委員会設置会社および指名委員会等設置会社においては、役員等の損害賠償責任について、役員等が善意でかつ無重過失の場合において、特に必要があると認めるときは、免除額を限度として取締役（その責任を負う取締役を除く）の過半数の同意または取締役会の決議により免除できる旨を定款で定めることができる（会社426条1項）。

この場合、取締役は、遅滞なく、1か月を下らない一定の期間内に異議がある場合には異議を述べるべき旨を公告し、または株主に通知する必要がある（会社426条3項）。なお、総株主の議決権の100分の3以上の議決権を有する株主が、一定の期間内に異議を述べたときは、株式会社は、定款の定めに基づく免除をすることはできない（会社426条7項）。

(ハ)　責任限定契約による責任軽減に関する定款の定めの規定

非業務執行取締役等の責任に関しては、定款に定めておけば、契約により損害賠償責任の上限額をあらかじめ確定しておくことができる責任限定契約の制度が認められている。

つまり、株式会社は、業務執行取締役等を除く取締役、会計参与、監査役、会計監査人（以下「非業務執行取締役等」という）の損害賠償責任について、非業務執行取締役等が善意でかつ無重過失の場合には、定款で定めた額の範囲内であらかじめ会社が定めた額と最低責任限度額とのいずれか高い額を限度とする旨の責任限定契約を非業務執行取締役等と締結することができる旨を定款で定めることが可能である（会社427条1項）。

③ 利益相反取引に対する責任

取締役または執行役の利益相反取引は、原則として過失責任であるが、自己のために株式会社と直接に利益相反取引をした取締役・執行役については、悪質性の観点から例外的に無過失責任を負う（会社428条1項）。しかも、責任の一部免除、取締役等による免除に関する定款の定め、責任限定契約の規定は適用されない（会社428条2項）。

④ 利益供与に対する責任

株式会社が、財産上の利益の供与の禁止規定（会社120条1項）に違反して財産上の利益を供与したときは、その利益の供与を受けた者は、その会社または子会社にその利益を返還する必要がある（会社120条3項）。

また、利益供与に係る取締役・執行役の責任についても、利益供与に関与した取締役・執行役については過失責任であるが、利益供与を直接した取締役・執行役については、責任が重大であることから無過失責任を負う（会社120条4項）。なお、その責任は、総株主の同意がなければ、免除することは認められない（会社120条5項）。

(2) 第三者に対する損害賠償責任

役員等の悪意または重大な過失により第三者に損害が生じたときは、第三者に対し損害賠償責任を負う（会社429条1項）。また、役員等が、株式・新株予約権・社債・新株予約権付社債の募集をする際の重要な通知事項の虚偽記載、計算書類等の虚偽記載、虚偽の登記・公告、会計参与報告・監査報告・会計監査報告の虚偽

記載等の行為をしたときも、同様に、第三者に対し損害賠償の過失責任を負い（会社429条2項）、100万円以下の過料が科される（会社976条7号）。

(3) 株主代表訴訟（責任追及等の訴え）

> **株主代表訴訟とは**
> 株主代表訴訟制度が必要な理由は、何だろう。
> 株主代表訴訟において、株主が敗訴した場合であっても、悪意である場合を除き、株主は会社に対し、損害賠償の義務を負う必要がないのは、なぜだろう。

① 株主代表訴訟とは

役員等が任務懈怠により会社に損害を与えた場合、会社に対する役員等の損害賠償責任は、本来、監査役が代表となり会社自身が追及すべきものであるが、会社と役員等の関係から責任追及はあまり期待できない。しかし、会社の利益が害され、その結果、株主の利益も害されることになるので、株主が会社に代わり、会社のために役員等の責任追及の訴訟を提起できる株主代表訴訟の制度が導入された。

② 訴訟手続

株主代表訴訟は、6か月前から引き続き株式を有する株主（非公開会社においては、6か月の株式保有期間制限はない）が、株式会社に対して、発起人、設立時取締役、設立時監査役、役員等、清

算人の責任を追及する訴訟の提起を請求することができるが、株主または第三者の利益を図りまたは会社に損害を与える場合には、訴訟の却下事由となる（会社847条1項・2項）。

しかし、株式会社が、請求の日から60日以内に責任追及等の訴えを提起しないときは、請求をした株主は訴訟を提起することができる（会社847条3項）。ただし、60日の期間の経過により株式会社に回復できない損害が生ずる危険性がある場合には、提訴請求を経ずに直ちに訴訟を提起することができる（会社847条5項）。

なお、株式会社は、60日以内に責任追及訴訟を提起しない場合には、請求をした株主または提訴請求の対象者である役員等から請求を受けたときは、その請求をした者に対し、遅滞なく、責任追及等の訴えを提起しない理由を、書面または電磁的方法により通知する必要がある（会社847条4項、会社施規218条）。

責任追及等の訴えは、株式会社の本店の所在地の地方裁判所が管轄するが（会社848条）、役員等がその訴えの提起が悪意であることを疎明し、担保提供の申立てをしたときは、裁判所は、その株主に対し相当の担保提供を命ずることができる（会社847条の4第2項・3項）。

さらに、株主または株式会社は、当事者の一方に補助参加することができるが、株式会社が責任追及訴訟に補助参加するには、各監査役または各監査等委員および各監査委員の同意を得る必要がある（会社849条3項）。

③ 和　解

責任追及訴訟における和解の手続については、裁判所は、その会社に対し和解の内容を通知し、かつ、その和解に異議があると

きは、2週間以内に異議を述べるべき旨を催告しなければならない（会社850条2項）。その会社が、期間内に書面により異議を述べなかったときは、裁判所からの通知の内容をもって、株主が和解することを承認したものとみなす（会社850条3項）。

④ 原告適格の継続

責任追及の訴えを提起した株主が、株式交換または株式移転により完全親会社の株主となった場合や、合併により新設会社または存続会社もしくはその完全親会社の株主となった場合には、訴訟の係属中に株主でなくなり原告適格を喪失した場合であっても、例外的に原告適格を維持でき訴訟を継続することが可能である（会社851条）。

さらに、株主は、株式会社の株主でなくなった場合でも、株式交換完全子会社もしくは株式移転完全子会社または吸収合併存続株式会社に対して、その株式会社の株式交換または株式移転によりその株式会社の完全親会社の株式を取得し、引き続きその株式を有するとき、または、その株式会社が吸収合併により消滅する会社となる吸収合併により、吸収合併後存続する株式会社の完全親会社の株式を取得し、引き続きその株式を有するときは、責任追及等の訴えの提起を請求することができる（会社847条の2）。

つまり、株式交換等の前に責任追及訴訟の提起がされていなくても、その原因となる事実が生じていれば、株式交換等により完全親会社や吸収合併後存続する株式会社の完全親会社の株主となる者が、株式交換等の後でも株主代表訴訟を提起できるようにするものとされている。

⑤ 費用負担

代表訴訟の原告である株主の申立手数料は一律13,000円であり、その金額の収入印紙を貼付すれば代表訴訟を提起することが可能である。しかし、代表訴訟の勝訴判決の利益は会社に帰属するものであり、株主は、訴訟費用以外の旅費、調査費用などの支出費用と弁護士もしくは弁護士法人の報酬以外の支払を会社に請求することができない（会社852条1項）。

⑥ 株主敗訴の場合の責任

株主代表訴訟においては、株主が勝訴した場合であっても、株主に対する直接の利益はなく、会社の利益のための訴訟である。したがって、代表訴訟を提起した株主および訴訟参加した株主が敗訴した場合であっても、悪意である場合を除き、株主は会社に対し、損害賠償義務を負う必要はない（会社852条2項・3項）。

⑦ 再審の訴え

原告（株主）および被告（役員等）が共謀して、その会社の権利を害する目的をもって裁判所に判決をさせた場合は、その会社または株主は、判決が確定した場合であっても、再審の訴えを提起することが認められている（会社853条）。

(4) 多重代表訴訟（特定責任追及の訴え）

> 💡 point！
>
> **多重代表訴訟とは**
> 　多重代表訴訟は、なぜ必要なのだろう。
> 　最終完全親会社の一定の株主だけしか原告適格が認められていないのは、なぜだろう。

① 多重代表訴訟とは

　子会社取締役等が任務懈怠により子会社に損害を与えた場合、子会社取締役等と親会社取締役の人的関係から責任追及はあまり期待できない。そこで、提訴懈怠防止の観点から、多重代表訴訟制度が創設された。多重代表訴訟とは、子会社への監督の必要性と親会社株主保護の観点から、親会社の株主が子会社に代わり、子会社の取締役等のその子会社に対する損害賠償責任（特定責任）を追及する訴訟である。しかし、濫訴防止の観点から、多重代表訴訟の適用範囲が大幅に制限されたものとなった。

　なお、親会社取締役が、子会社取締役の職務執行を監督する旨の明文規定を設けることが提案されていたが、親会社取締役に加重な義務を課すこととなり、子会社に対する管理を萎縮させることになるので明文規定の導入はされなかった。

② 原告適格

　株式会社（子会社）の最終完全親会社（子会社の完全親法人である株式会社で、その完全親法人がないもの）の総株主の議決権の100分の1以上の議決権または発行済株式の100分の1以上の数

の株式を有する株主（公開会社の場合には6か月前からの株主に限る）は、その子会社に対し、発起人、設立時取締役、設立時監査役、取締役、会計参与、監査役、執行役、会計監査人または清算人（以下「取締役等」という）の責任を追及する訴えの提起を請求することができる（会社847条の3第1項）。

ただし、その訴えが株主もしくは第三者の不正の利益を図りまたはその子会社もしくはその最終完全親会社に損害を与えることを目的としている場合や、その訴えに係る責任の原因となった事実によってその最終完全親会社に損害が生じていない場合には、提訴の請求をすることはできない（会社847条の3第1項ただし書）。

③ 特定責任

子会社の取締役等の特定責任は、その原因となった事実が生じた日において、その子会社の最終完全親会社が有するその子会社の株式の帳簿価額（その最終完全親会社の完全子法人が有するその子会社の株式の帳簿価額を含む）が、その最終完全親会社の総資産額の5分の1を超える場合に限り、この請求の対象とすることができる（会社847条の3第4項）。

なお、子会社が、この請求の日から60日以内に訴えを提起しないときは、その請求をした最終完全親会社の株主は、その子会社のために訴えを提起することができ（会社847条の3第7項）、その子会社の取締役等の責任は、子会社の総株主および最終完全親会社の総株主の同意がなければ免除することはできない（会社847条の3第10項）。

また、特定責任の一部免除は、子会社の株主総会の特別決議に加え、最終完全親会社の株主総会の特別決議が必要である（会社425条1項）。

④ 補助参加

最終完全親会社の株主は、共同訴訟人として、または当事者の一方を補助するため、多重代表訴訟に係る訴訟に参加することができ、この最終完全親会社も、当事者の一方を補助するため、その訴訟に参加することができる（会社849条1項）。

⑤ 敗訴した株主等の損害賠償責任

責任追及の訴えをした株主等が敗訴した場合であっても、株主代表訴訟同様、悪意である場合を除き、その株主等はその会社等に対し、これによって生じた損害を賠償する義務を負わない（会社852条2項）。この規定は、訴訟参加した株主についても準用する（会社852条3項）。

第5章

株式会社の計算

1 会社の計算とは

会社の計算とは

会社の計算が必要な理由は、何だろう。

計算書類の決算公告が義務付けられているのは、なぜだろう。

株式会社の所有と経営の分離により、株主に経営を委託された取締役は、会社財産の管理運用の状況とその結果を株主に報告しなければならない。一方、株主は間接有限責任を負うのみであるから、会社債権者は、債権回収のために会社財産の状況を重視せざるを得ない。したがって、会計帳簿や計算書類等を作成し、閲覧できるようにする必要がある。

さらに、株式会社は財産および損益の状況を明らかにすること

により、その支払能力や信用能力を明らかにし、会社の合理的経営を図り会社を維持することは社会的な要請でもある。会計帳簿や計算書類等の整備により会社の財産および損益の状況が適正に表示されることは、会社債権者保護ばかりでなく、株主・従業員等の利益が保護され、国や地方公共団体に対する租税にとっても意味がある。そのため、会社法は、会計帳簿と計算書類等の作成を法律上の義務として法規制の対象としている。

2 会計帳簿と計算書類等

(1) 作成・保存・提出の義務

① 作 成

株式会社の会計は、一般に公正妥当と認められる企業会計の慣行に従い（会社431条）、適時に、正確な会計帳簿を作成し（会社432条1項）、計算書類（貸借対照表、損益計算書、株主資本等変動計算書、個別注記表）および事業報告ならびにこれらの附属明細書を作成しなければならない（電磁的記録をもって作成することも可能）（会社435条2項・3項）。

② 備置きおよび閲覧・謄抄本交付請求

株主は間接有限責任を負うのみであるから、会社債権者は、債権回収のために会社財産の状況を重視せざるを得ない。したがって、会計帳簿や計算書類等を作成し、閲覧できるようにする必要がある。そのため、株式会社は、計算書類を公告し（会社440条）、計算書類および事業報告ならびにこれらの附属明細書（監査報告または会計監査報告を含む）を、本店に5年間、その写しを支店に

3年間備え置く必要があり（会社442条1項・2項）、株主および債権者は、株式会社の営業時間内はいつでも、親会社社員については、裁判所の許可を得て、会計帳簿や計算書類等（書面または電磁的記録）の閲覧または謄本・抄本の交付の請求権を認められている（会社433条1項・442条3項・4項）。

この請求があったときは、株式会社は、(a)その請求を行う株主（請求者）が、その権利の確保または行使に関する調査以外の目的で請求を行ったとき、(b)請求者が、その会社の業務執行を妨げ、株主の共同の利益を害する目的で請求を行ったとき、(c)請求者が、その会社の業務と実質的に競争関係にある事業を営み、またはこれに従事するものであるとき、(d)請求者が、会計帳簿またはこれに関する資料の閲覧または謄写により知り得た事実を、利益を得て第三者に通報するため請求したとき、(e)請求者が、過去2年以内において、会計帳簿またはこれの関する資料の閲覧または謄写により知り得た事実を、利益を得て第三者に通報したことがあるときのいずれかに該当すると認められる場合には、その請求を拒否することができる（会社433条2項）。

また、株式会社の親会社社員は、その権利を行使するために必要があるときは、裁判所の許可を得て、会計帳簿またはこれに関する資料についての閲覧または謄写の請求をすることができる（会社433条3項）。しかし、その親会社社員について、その請求を拒絶する上記の正当な事由があるときは、裁判所は、その請求を許可することができない（会社433条4項）。

③ 保存および提出命令

株式会社は、会計帳簿の閉鎖の時から、または計算書類を作成した時から10年間、会計帳簿と計算書類およびその附属明細書

を保存しなければならない(会社432条2項・435条4項)。なお、裁判所は、申立てまたは職権で、会計帳簿と計算書類およびその附属明細書の提出を命ずることができる(会社434条・443条)。

(2) 会計監査

監査役設置会社(会計監査人設置会社を除く)においては、計算書類および事業報告ならびにこれらの附属明細書は、監査役の監査を受けなければならない(会社436条1項)。

また、会計監査人設置会社においては、計算書類およびその附属明細書については、監査役、監査等委員会または監査委員会および会計監査人の監査を、事業報告およびその附属明細書については、監査役、監査等委員会または監査委員会の監査を受けなければならない(会社436条2項)。

さらに、取締役会設置会社においては、計算書類および事業報告ならびにこれらの附属明細書(監査役、監査等委員会または監査委員会および会計監査人の監査を受けたもの)は、取締役会の承認を受けなければならない(会社436条3項)。

(3) 承認手続

取締役は、取締役会設置会社においては、定時株主総会の招集通知に、取締役会の承認を受けた計算書類および事業報告(監査報告または会計監査報告を含む)を添付しなければならないが(会社437条)、取締役会非設置会社においては添付しなくてもよい。

また、定時株主総会に提出または提供された計算書類は、定時株主総会の承認を受ける必要がある(会社438条1項・2項)。なお、

取締役は、事業報告の内容を定時株主総会に報告しなければならない(会社438条3項)。

(4) 決算公告

中小会社を含むすべての株式会社は、会社債権者保護の観点から、定時株主総会の終結後遅滞なく、貸借対照表(大会社においては、貸借対照表および損益計算書)の公告が義務付けられているが(会社440条1項)、官報または日刊新聞紙に掲載する株式会社においては、貸借対照表の要旨を公告すればよい(会社440条2項)。

ただし、株式会社は、定時株主総会の終結後遅滞なく、貸借対照表の内容を、定時株主総会の終結日から5年間、継続して電磁的方法により不特定多数の者に提供すれば公告は必要ない(会社440条3項)。なお、有価証券報告書の提出が強制されている株式会社は、金融庁の電子開示システム(EDINET)により、インターネットで計算書類を公開しているので、計算書類の公告義務はない(会社440条4項)。

(5) 臨時計算書類

事業年度の途中において剰余金の配当を随時行うことができ、剰余金の分配可能額に、決算期後の臨時計算書類確定時までの損益の増減を反映させるために、株式会社は、臨時決算日に臨時計算書類(臨時決算日における貸借対照表および臨時決算日の属する事業年度の初日から臨時決算日までの期間に係る損益計算書)を作成することができる(会社441条1項)。

(6) 連結計算書類

企業グループの財産や損益の状況は、株主や債権者などにとって重要な情報であることから、会計監査人設置会社は、連結計算書類を作成することができるが（電磁的記録も可）（会社444条1項・2項）、大会社で有価証券報告書の提出を強制されている会社においては、連結計算書類の作成が義務付けられている（会社444条3項）。

3 資本金および準備金

資本金・準備金とは
　資本金・準備金には、どのような機能があるのだろう。
　資本金・準備金の増加手続において、会社債権者異議手続を必要としない理由は、何だろう。

(1) 資本金および準備金とは

資本金および準備金とは、会社財産を確保するための一定の基準額をいう。株主は有限責任の原則により出資義務しか負わないので、会社債権者にとっては会社財産が唯一の担保財産となることから、担保財産を確保することを目的とした資本制度が定められた。しかし、資本制度によって会社財産が減少することまで阻止することはできない。したがって、会社債権者保護は、資本金や準備金が多くても機能せず、資本制度は形骸化しているという

ことから、最低資本金制度は廃止され、資本金は単なる出資額を表すにすぎず1円でもよいことになった。

しかし、会社法において、資本金は、会社債権者保護の観点から剰余金の分配規制と結びつき貸借対照表の純資産の部に記載され、資本金の額は定款に記載されないが、登記および公示され（会社911条3項5号）、その増減は株主資本等変動計算書に記載されている。

また、資本金を補完する準備金も資本金と同様の性格を有するが、定時株主総会において、準備金の額のみを減少する場合であって、減少する準備金の額が欠損の額を超えて分配可能額とならない場合には、会社債権者異議手続を経なくても減少することができるという点において（会社449条1項ただし書）資本金と異なる。なお、準備金の額の登記は必要ないが貸借対照表により公告され、その増減は株主資本等変動計算書に記載される。

(2) 資本金・準備金の額

資本金の額は、原則として、株主が、その株式会社に対して払込みまたは給付をした財産の額であるが（会社445条1項）、例外的に、払込みまたは給付に係る額の2分の1を超えない額を資本準備金として計上し、資本金として計上しないことが認められている（会社445条2項・3項）。さらに、剰余金の配当をする場合には、その額に10分の1を乗じた額を準備金として計上することが強制されている（会社445条4項）。

(3) 資本金・準備金の額の減少手続

　資本金の額を減少する場合は、①減少する資本金の額、②減少する資本金の額の全部または一部を準備金とするときは、その旨および準備金とする額、③資本金の額の減少の効力発生日（株主総会の決議で定める日）を、株主総会の特別決議により定める必要がある（会社447条1項）。ただし、減資額が欠損額以下であるときは普通決議で足りる（会社309条2項9号）。

　さらに、準備金の減少の場合には、①減少する準備金の額、②減少する準備金の額の全部または一部を資本金とするときは、その旨および資本金とする額、③準備金の額の減少がその効力発生日（総会決議で定める日）を、株主総会の普通決議により定める必要がある（会社448条1項）。

(4) 会社債権者異議手続

　資本金または準備金の額を減少する場合には（減少する準備金の額の全部を資本金とする場合を除く）、その会社の債権者は、その会社に対し異議を述べることが認められている。ただし、準備金の額のみを減少する場合であって、準備金の減少額が欠損額を超えないときには異議を述べることは認められない（会社449条1項）。

　資本金または準備金を減少する場合の会社債権者異議手続とは、その会社は、債権者が1か月を下らない一定の期間内に異議を述べることができる旨を官報に公告し、かつ、知れている債権者には、各別に催告する必要があるが（会社449条2項）、定款の定めに従い、日刊新聞紙または電子公告により公告するときは、各別

の催告は必要ない（会社449条3項）。

なお、債権者が期間内に異議を述べなかったときは、その債権者は、その資本金または準備金の額の減少について承認したものとみなされるが（会社449条4項）、期間内に異議を述べたときは、会社は、その債権者に対し、弁済もしくは相当の担保の提供または信託会社に相当の財産を信託する必要がある（会社449条5項）。

(5) 資本金減少無効の訴え

資本金減少の手続に瑕疵がある場合には、資本金の額の減少の効力が生じた日から6か月以内に、提訴権者（株主、取締役、監査役、執行役、清算人、破産管財人および資本金減少を承認しなかった債権者）は、資本金減少無効の訴えを提起することができる（会社828条1項5号・2項5号）。なお、確定判決は、対世効を有するが（会社838条）、遡及効はない（会社839条）。

(6) 資本金・準備金の額の増加手続

株主総会（臨時総会でも可）の普通決議により、剰余金の額を減少して、資本金または準備金の額を増加することができる（会社450条1項・2項・451条1項・2項）。この場合、資本金または準備金を増加させた方が会社債権者は保護されるので、会社債権者異議手続を経なくてもよい。

4 剰余金の分配

> **point!**
>
> **剰余金の分配とは**
> 　剰余金の分配に財源規制が必要な理由は、何だろう。
> 　剰余金の分配において、会社債権者保護のための担保財産の基準額である資本金や準備金を配当原資（資本の利益化）とすることは、妥当であるといえるのだろうか。

(1) 剰余金の分配とは

　株式会社は営利性を有する法人であるから、その事業により得た利益を株主に分配することを目的としている。株主も剰余金の配当を期待して出資しているのであり、株主の剰余金の配当受領権は最も本質的な権利である。しかし、株主が有限責任しか負わないので、会社財産のみが担保財産である会社債権者の利益を害するおそれがある。そこで、剰余金の分配規制（財源規制）により株主と会社債権者の利害調整をする必要がある。

　剰余金の配当には、利益の配当、中間配当、資本金および準備金の減少に伴う払戻しが含まれ、さらに、自己株式の有償取得も会社財産の社外流出を伴うので、これらを総括して「剰余金の配当等」（剰余金の分配）として規制している。株主と会社債権者との利害調整という観点からは、会社財産の株主に対するこれらの払戻しを区別する必要性に乏しいので、統一的・横断的に同一の財源規制によっている。

　したがって、株式会社は、会社債権者異議手続を経ずに、その

株主に対し、財源規制の範囲内で、いつでも剰余金の配当をすることができる（自己株式には配当できない）（会社453条）。ただし、剰余金があっても、株式会社の純資産額が300万円を下回る場合には、剰余金を配当することはできない（純資産額規制）（会社458条）。

なお、剰余金を配当しようとするときは、その都度、株主総会（臨時総会でも可）の普通決議により決定しなければならず（会社454条1項）、剰余金の配当について内容の異なる2種類以上の株式を発行しているときは、その種類の株式の内容に応じ配当財産を割り当てることができる（会社454条2項）。ただし、株主の持株数に応じて、配当財産を割り当てなければならない（会社454条3項）。

(2) 現物配当と金銭分配請求権

現物配当の場合には、株主総会の決議により、金銭分配請求権（現物配当財産に代えて金銭の交付を会社に対して請求する権利）や、一定数未満の株式に対して配当財産の割当てをしない旨を定めることが認められている（会社454条4項）。

ただし、株主に対して金銭分配請求権を与える場合には株主総会決議は普通決議でよいが、金銭分配請求権を与えない場合には、現物配当財産の換価可能性が問題となるため、株主保護の観点から特別決議となる（会社309条2項10号）。

(3) 分配決定機関の特則

会計監査人設置会社で取締役（監査等委員会設置会社においては、

監査等委員でない取締役)の任期を1年と定めた監査役会設置会社または監査等委員会設置会社および指名委員会等設置会社においては、定款の定めにより、自己株式取得、損失の処理、任意積立金の積立てその他の剰余金の処分、剰余金の配当、を取締役会決議により決定することができる(会社459条1項)。

これは、剰余金を分配する場合、計算書類の信頼性が担保される必要があるので、監査役会や監査等委員会または監査委員会および会計監査人の監査を受けていることが条件とされるからである。また、取締役会の権限が強化されているため、毎年、株主の信任を問う必要があることから、取締役の任期が1年を超えないこととしたのである。

(4) 剰余金の分配規制(財源規制)

株主への金銭等の分配を統一的に規制することから、(a)譲渡を承認しない場合の譲渡制限株式(自己株式)の買取り、(b)子会社からまたは市場取引、公開買付けによる自己株式の取得、(c)株主からの譲渡申込みを受けての自己株式取得、(d)全部取得条項付種類株式の取得、(e)相続人その他一般承継者に対する売渡請求に基づく自己株式の買取り、(f)所在不明株主の株式(自己株式)の買取り、(g)1株未満端数株式(自己株式)の買取り、(h)剰余金の配当、の行為により株主に対して交付する金銭等の帳簿価額の総額は、その行為の効力発生日における分配可能額以下でなければならない(会社461条1項)。

なお、取得請求権付株式の取得(会社166条1項ただし書)および取得条項付株式の取得(会社170条5項)については、別に直接、財源規制を行っている。ただし、会社債権者異議手続がされる合

併・分割および事業全部の譲受け（事業の一部譲受けを除く）により、消滅会社、分割会社、事業譲渡会社が保有している自己株式を取得する場合、および株主（組織再編等の反対株主、単元未満株主など）の買取請求に応じて自己株式を取得する場合には、財源規制は課されない。

(5) 分配可能額

　分配可能額とは、分配時までの剰余金の増減を考慮し、臨時決算をした場合には期間損益を反映した算定方法をとり、(a)剰余金の額および(b)事業年度の初日から臨時決算日までの期間の利益の額として法務省令で定める各勘定科目に計上した額の合計額（会社計規156条）およびその期間内の自己株式処分の対価の額の合計額から、(c)自己株式の帳簿価額、(d)最終事業年度の末日後の自己株式処分の対価の額、(e)事業年度の初日から臨時決算日までの期間の損失の額として法務省令で定める各勘定科目に計上した額の合計額（会社計規157条）、(f)前記(c)、(d)および(e)のほか法務省令で定める各勘定科目に計上した額の合計額（会社計規158条）、の合計額を減じた額をいう（会社461条2項）。

(6) 違法配当

　剰余金の分配規制に違反した場合には、分配を受けた株主ならびに業務執行者（業務執行取締役、執行役、その他これらの業務執行に職務上関与した者）、および株主総会や取締役会に剰余金分配に関する議案を提案した取締役または執行役は、その会社に対し、連帯して、分配額を支払う義務を負うが（会社462条1項）過失責

任である(会社462条2項)。ただし、分配可能額を超えて分配した部分は、総株主の同意があっても免除することは認められない(会社462条3項)。

また、株式会社が、組織再編等以外の反対株主の株式買取請求に応じて自己株式を取得する場合に、支払った額が分配可能額を超えるときは、業務執行者は、会社に対し、連帯して、その超過額を支払う義務を負うが過失責任である(会社464条1項)。なお、総株主の同意がなければ免除できない(会社464条2項)。

さらに、株式会社が、剰余金の分配により期末に欠損が生じた場合には、業務執行者は、会社に対し、連帯して、分配額を限度としてその欠損額を支払う義務を負うが過失責任である(会社465条1項)。なお、総株主の同意があれば免除することはできる(会社465条2項)。

第6章

会社の組織再編

1 組織変更

組織変更とは

すべての種類の会社は、他の種類の会社に自由に変更できるのだろうか。

持分会社間の変更は、組織変更として取り扱われず、定款の変更とされるとは、どのような取扱いの違いがあるのだろうか。

(1) 組織変更とは

組織変更とは、会社が他の種類の会社になることをいい（会社2条26号）、その会社が単独で行う行為である。株式会社と持分

会社との間での組織変更は認められるが、持分会社間の変更は、組織変更として取り扱われず、定款の変更（種類変更）とされる（会社638条）。ただし、すべての種類の会社が、特例有限会社への組織変更（持分会社）または定款変更（株式会社）をすることは認められない。なお、組織変更の効力発生日から2週間以内に、その本店所在地において、解散の登記（組織変更前の会社）と設立の登記（組織変更後の会社）をする必要がある（会社920条）。

(2) 株式会社の変更手続

　株式会社が持分会社に組織変更をする場合には、組織変更計画を作成し（会社743条）、その組織変更計画において、組織変更事項を定めなければならない（会社744条1項）。組織変更しようとする株式会社は、効力発生日に、持分会社となり（会社745条1項）、定款を変更したものとみなされる（会社745条2項）。

　また、組織変更する株式会社は、効力発生日までの間、組織変更計画の内容等に関する書面または電磁的記録をその本店に備え置き（会社775条1項）、株主および債権者は、閲覧および謄抄本の交付の請求をすることができる（会社775条3項）。

　なお、組織変更しようとする株式会社は、効力発生日の前日までに、組織変更計画について、その株式会社の総株主の同意を得る必要があり（会社776条1項）、効力発生日の20日前までに、組織変更をする旨の通知または公告を義務付けられている（会社776条2項・3項）。また、反対する新株予約権者は、株式会社に対しては、新株予約権の買取請求権が認められている（会社777条1項）。さらに、株式会社は債権者に対し会社債権者異議手続をしなければならない（会社779条）。

(3) 持分会社の変更手続

持分会社が株式会社に組織変更する場合にも組織変更計画を作成し（会社743条）、その組織変更計画において、組織変更事項を定めなければならない（会社746条）。組織変更をする持分会社は、効力発生日に、株式会社となり（会社747条1項）、定款を変更したものとみなされる（会社747条2項）。

なお、組織変更をしようとする持分会社は、効力発生日の前日までに、組織変更計画について、定款に定めがなければ、その持分会社の総社員の同意を得る必要があり（会社781条1項）、会社債権者異議手続が必要である（会社781条2項）。

2 事業の譲渡等

事業譲渡とは
　会社の事業全部を譲渡しても会社が消滅しないのは、なぜだろう。
　事後設立においては、会社設立時とは異なり、検査役の調査を必要としないのは、なぜだろう。

(1) 事業譲渡とは

事業の譲渡とは、会社の事業の一部または全部を他社に譲渡することをいう。事業は、長年の事業活動による財産的価値のある事実関係を含み、有形・無形の事業財産以上の価値を有する。具

第6章　会社の組織再編　　**177**

体的には、原材料、商品・製品、機械、土地、建物等の動産・不動産や、商号権、商標権、特許権等の知的財産権、および各種債権、事業上の秘訣、得意先・仕入先、地理的関係等の事実関係と、事業活動により生じた債務・借入金等の負債で構成される。

なお、事業譲渡によって一定の取引分野の競争を制限する場合、または不公正な取引方法による場合には事業譲渡は認められない（独禁16条）。

(2) 合併との比較

事業譲渡は合併（特に吸収合併）と類似しているが、(a)合併は、消滅会社の全部の財産が移転し、財産の一部だけを移転することは認められていないのに対し、事業譲渡は、契約で取り決めた個別の財産が移転すること（事業の一部譲渡）が認められている、(b)合併では消滅会社は解散消滅するが、事業譲渡では、全部譲渡の場合でも、法人格が消滅しない限り、事業目的を変更して事業を継続できるので、譲渡会社は解散消滅するとは限らない、(c)合併では、消滅会社の債務も引き継がれるので、債権者保護手続が必要であるが、事業譲渡においては、譲受会社の免責的債務引受けがない限り債務を免れないので、債権者保護手続は必要ない、(d)合併では、合併無効の訴えが認められているが、事業譲渡には認められていない、などの差異がある。

(3) 事業譲渡会社の競業の禁止

譲渡会社が譲渡後、従前と同種の事業を再開したのでは事業を譲り受けた意味が減殺されるので、同一市町村（政令指定都市で

は区)の区域内および隣接市町村の区域内においては、その事業を譲渡した日から20年間同一の事業をしてはならないという競業避止義務が課されている(会社21条1項)。ただし、事業譲渡契約でこの年数を加減することができるが、加重する場合には30年を超えることはできない(会社21条2項)。さらに、譲渡会社は、不正競争の目的をもって同一の事業を行ってはならない(会社21条3項)。

(4) 事業譲受会社の責任

事業譲渡では、債務の移転には債権者の個別の同意を要し、事業譲渡の当事者間の合意だけでは債務引受けの効力は認められない。つまり、事業上の債務も譲受会社に移転するが、債務の引受け等の手続をとらなければ譲受会社は債務者にならず譲渡会社が債務者のままである。

しかし、債権者保護の観点から規定を設け、事業の譲受会社が譲渡会社の商号を続用する場合には、譲渡会社の事業上の債務を引き受けないときでも譲受会社も弁済の責任を負う(会社22条1項)。ただし、事業譲渡後遅滞なく、譲受会社がその本店所在地において譲渡会社の債務を引き受けない旨の登記をするか、譲渡会社および譲受会社からその旨の通知を第三者にすれば譲受会社の弁済責任はない(会社22条2項)。

この場合、譲渡会社の責任は、事業を譲渡した日以後2年以内に請求または請求の予告をしない債権者に対しては、その期間を経過した時に消滅する(会社22条3項)。なお、譲渡会社の債務者が善意かつ重過失なく譲受会社に弁済したときは、譲受会社に債権が移転されていなくても弁済は有効と認められる(会社22条

4項)。

　また、譲受会社が譲渡会社の商号を続用しない場合でも、譲渡会社の債務を引き受ける旨を広告したときは、譲受会社は弁済責任を負う(会社23条1項)。この場合、譲渡会社の責任は、広告があった日以後2年以内に請求または請求の予告をしない債権者に対しては、その期間を経過した時に消滅する(会社23条2項)。

(5) 詐害的事業譲渡に係る譲受会社に対する債務の履行の請求

　譲渡会社が譲受会社に承継されない債務の債権者(以下「残存債権者」という)を害することを知って事業を譲渡した場合には、残存債権者は、その譲受会社に対して、承継した財産の価額を限度として、その債務の履行を請求することができる。ただし、その譲受会社が事業の譲渡の効力が生じた時において、残存債権者を害する事実を知らなかった(善意)ときは、この限りではない(会社23条の2第1項)。

　この債務を履行する責任は、譲渡会社が残存債権者を害することを知って事業を譲渡したことを知った時から2年以内に請求または請求の予告をしない残存債権者に対しては、その期間を経過した時に消滅する。また、事業の譲渡の効力が生じた日から20年を経過したときも、同様に消滅する(会社23条の2第2項)。

(6) 事業譲渡・譲受けの手続

　株式会社の事業譲渡・譲受けの手続について、譲渡会社においては、事業の全部または重要な一部(総資産の5分の1以上)の譲

渡の場合には、株主総会の特別決議を要する（会社467条1項1号・2号）。なお、反対株主には株式買取請求権が認められている（会社469条）。つまり、事業の重要な一部の譲渡の場合は、事業の対価として譲受会社が交付する財産の帳簿価額がその会社の総資産額の5分の1を超えない場合には、株主総会の決議は必要ない。

また、株式会社（親会社）は、その子会社の株式または持分の全部または一部の譲渡をする場合であって、その譲渡により譲り渡す株式または持分の帳簿価額がその株式会社の総資産額の5分の1を超えるとき、または、その株式会社が、その譲渡の効力発生日に、その子会社の議決権の総数の過半数の議決権を有しないときのいずれにも該当するときは、子会社株式の譲渡であっても、実質的には事業譲渡とは変わらないことから、その譲渡の効力発生日の前日までに、株主総会の特別決議によって、その譲渡に係る契約の承認を受けなければならない（会社467条1項2号の2）。

さらに、譲受会社においても、他の会社の事業全部の譲受けの場合には、株主総会の特別決議を要し（会社467条1項3号）、反対株主には株式買取請求権が認められている（会社469条）。ただし、総株主の議決権の10分の9以上を支配している特別支配会社への事業譲渡等においては、被支配会社の株主総会決議は要しない（会社468条1項）。

また、他の株式会社の事業全部の譲受けで、譲受会社の純資産額の5分の1以下の対価で譲り受ける場合には、株主への影響が小さいことから株主総会決議を要しない（簡易な事業譲受け）（会社468条2項）。しかし、法務省令で定める数の株式を有する株主が（会社施規138条）、譲受けをする旨の通知または公告の日から2週間以内に反対する旨をその株式会社に対し通知したときは、その株式会社は、効力発生日の前日までに、株主総会の決議によ

り承認を受けなければならない（会社468条3項）。

　事業の譲渡・譲受けは、株主総会の決議が必要な場合にそれを省略したときは、無効であるとするのが通説であるが（最大判昭和40年9月22日民集19巻6号1600頁）、譲渡会社にとって事業の重要な一部であることを知らなかった善意の譲受会社の場合には、有効であると解する見解もある。

　また、株式会社の成立後2年以内に成立前から存在する財産で、事業のために継続して使用する目的で譲り受ける財産を純資産額の5分の1超の対価で取得する契約（事後設立）については、株主総会の特別決議が必要とされ（会社467条1項5号）、裁判所が選任する検査役の調査は必要としない。検査役の調査を必要としない理由は、会社設立時とは異なり、取引契約で取得する財産の価額が適切であるか否かは、取締役の善管注意義務の範囲で判断すべき事柄だからである。

3　合　併

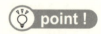

合併とは
　会社の種類を問わず、すべての会社は自由に合併することができるのだろうか。
　対価の柔軟化とは、何だろう。

(1)　合併とは

　合併とは、2つ以上の会社が契約により1つの会社に合体する

ことをいい、合併には、吸収合併（会社2条27号）と新設合併（会社2条28号）がある。なお、合併契約を締結することにより、会社の種類を問わず、4種類の会社の間で自由に合併することができ、合併前および合併後の会社についての制限は原則としてない（会社748条）。ただし、特例有限会社が有限会社のままでは吸収合併後の存続会社にはなれないため（整備37条）、有限会社から株式会社への移行手続を事前または同時に行わなければならない。

また、合併によって一定の取引分野の競争を制限する場合、または合併が不公正な取引方法による場合には合併は認められない（独禁15条1項）。

(2) 吸収合併

吸収合併存続会社は、吸収合併契約において、吸収合併に関する事項を定めなければならない（会社749条・751条）。また、合併対価の柔軟化により、吸収合併消滅会社の株主または社員に金銭のみを交付する交付金合併（キャッシュ・アウト・マージャー）や、合併における存続会社がその親会社の株式を対価として交付する三角合併が認められている。なお、吸収分割または株式交換についても同様に認められている。

対価の柔軟化とは、吸収合併消滅会社、吸収分割会社および株式交換完全子会社となる会社の株主や社員に対し、吸収合併存続会社、吸収分割承継会社および株式交換完全親会社となる会社の株式を交付せず、金銭その他の財産（金銭、親会社その他の会社の株式、社債、新株予約権、新株予約権付社債など）を交付することを認めることである（会社749条1項2号・751条1項3号・758条4号・760条5号・768条1項2号・770条1項3号）。

さらに、吸収合併存続会社は、効力発生日に、吸収合併消滅会社の権利義務を承継するが（会社750条1項・752条1項）、吸収合併消滅会社の解散は、吸収合併の登記の後でなければ第三者に対抗することはできない（会社750条2項・752条2項）。

(3) 新設合併

新設合併設立会社は、新設合併契約において、新設合併に関する事項などを定めなければならない（会社753条）。また、新設合併設立会社は、その成立の日に、新設合併消滅会社の権利義務を承継する（会社754条1項・756条1項）。

なお、新設合併設立会社が持分会社であるときは、新設合併持分会社が合名会社、合資会社または合同会社のいずれであるかの別、およびその会社の社員の全部または一部を無限責任社員または有限責任社員とする旨を定める必要がある（会社755条）。

ただし、新設合併、新設分割および株式移転については、対価の柔軟化は認められておらず、新設合併消滅会社、新設分割会社および株式移転完全子会社となる会社の株主や社員に対し、新設合併設立会社、新設分割設立会社および株式移転完全親会社となる会社の株式や持分、社債、新株予約権、新株予約権付社債を交付することが認められている（会社753条1項6号・8号・755条1項6号・8号・763条1項6号・8号・765条1項6号・773条1項7号）。

(4) 合併手続

合併手続として、当事会社は、効力発生日または成立の日から6か月間、合併契約の内容と法務省令で定める事項を記載または

記録した書面または電磁的記録を、その本店に備え置き、事前開示しなければならない。なお、株主や債権者は閲覧または謄抄本の交付を請求することができる（会社782条・794条・803条、会社施規182条・191条・204条）。

また、株主総会の特別決議を要し（会社783条・795条・804条）、反対株主および新株予約権者の買取請求権が認められている（会社785条・787条・797条・806条・808条）。

さらに、債権者に対し会社債権者異議手続を要し（会社789条・799条・810条）、効力発生日から6か月間、法務省令で定める事項を記載または記録した書面または電磁的記録を、その本店に備え置き事後開示しなければならず、株主や債権者は閲覧または謄抄本の交付を請求をすることができる（会社801条・815条、会社施規200条・211条・213条）。

4 会社分割

会社分割とは
　会社分割は、すべての会社が制限なく自由に行うことができるのだろうか。
　分割会社と合併の法律上の違いは、何だろう。

(1) 会社分割とは

　会社の分割とは、1つの会社を2つ以上の会社に分けることをいい、大企業の事業部門を別会社として独立させて経営効率の向

上を図ったり、会社の事業部門を分離し他の会社の事業部門と合弁企業を作ったり、不採算部門を切り離すなど事業再編のために行われる。

なお、会社分割には、吸収分割（会社2条29号）と新設分割（会社2条30号）があり、分割会社の権利義務を吸収分割承継会社または新設分割設立会社に承継するので合併に類似するが、分割会社が分割後も存続することが合併と異なる。

また、会社分割は、株式会社と合同会社は認められているが、合名会社および合資会社は認められていない。しかし、吸収分割承継会社または新設分割設立会社は、いかなる種類の会社でも原則として制限がない。ただし、特例有限会社が有限会社のままでは吸収分割後の承継会社にはなれないため（整備37条）、有限会社から株式会社への移行手続を事前または同時に行わなければならない。

なお、会社分割が一定の取引分野の競争を制限する場合、また不公正な取引方法による場合には会社分割は認められない（独禁15条の2第1項）。

(2) 吸収分割

吸収分割をする場合には、株式会社または合同会社は、吸収分割承継会社との間で吸収分割契約を締結し（会社757条）、吸収分割承継会社は、吸収分割契約において、吸収分割に関する事項について定めなければならない（会社758条）。

吸収分割承継会社は、効力発生日に、吸収分割会社の権利義務を承継する（会社759条1項・761条1項）。なお、吸収分割会社の債権者が各別の催告を受けなかった場合には、吸収分割契約にお

いて債務の履行を請求することができないものとされているときであっても、吸収分割会社に対しては、吸収分割会社が効力発生日に有していた財産の価額を限度として、あるいは吸収分割承継会社に対しては、承継した財産の価額を限度として、その債務の履行を請求することができる（会社759条2項・3項）。

また、吸収分割承継会社が持分会社であるときは、吸収分割契約に定める事項には、吸収分割承継持分会社が、合名会社、合資会社または合同会社のいずれであるかの別、およびその社員が無限責任社員または有限責任社員のいずれであるかの別も加える必要がある（会社760条）。

(3) 新設分割

新設分割をする場合には、株式会社または合同会社は、新設分割計画を作成することを要するが（会社762条1項）、共同新設分割（2以上の株式会社または合同会社が共同して新設分割をする場合）をする場合には、共同して新設分割計画を作成しなければならない（会社762条2項）。

また、新設分割設立会社は、新設分割計画において、新設分割に関する事項について定めなければならない（会社763条）。新設分割設立会社は、その成立の日に、新設分割会社の権利義務を承継する（会社764条1項・766条1項）。

なお、新設分割会社の債権者が催告を受けなかった場合には、新設分割計画において債務の履行を請求することができないとされているときであっても、新設分割会社に対しては、新設分割設立会社の成立の日に有していた財産の価額を限度として、あるいは新設分割設立会社対しては、承継した財産の価額を限度として、

その債務の履行を請求することができる（会社764条2項・3項）。

また、新設分割設立会社が持分会社であるときは、新設分割計画に定める事項には、新設分割設立持分会社が、合名会社、合資会社または合同会社のいずれであるかの別、およびその社員が無限責任社員または有限責任社員のいずれであるかの別等も加える必要がある（会社765条）。

(4) 詐害的な会社分割における債権者の保護

吸収分割会社または新設分割会社（以下「分割会社」という）が吸収分割承継会社または新設分割設立会社（以下「承継会社等」という）に承継されない債務の債権者（以下「残存債権者」という）を害することを知って会社分割をした場合には、残存債権者は、承継会社等に対して、承継した財産の価額を限度として、その債務の履行を請求することができる。ただし、吸収分割の場合であって、吸収分割承継会社が吸収分割の効力が生じた時において、残存債権者を害する事実を知らなかった（善意）ときは、この限りではない（会社759条4項・764条4項）。

この債務を履行する責任は、分割会社が残存債権者を害することを知って会社分割をしたことを知った時から2年以内に請求または請求の予告をしない残存債権者に対しては、その期間を経過した時に消滅する。また、会社分割の効力が生じた日から20年を経過したときも、同様に消滅する（会社759条6項・764条6項）。

(5) 分割手続

分割手続として、当事会社は、合併の手続同様、吸収分割契約

または新設分割計画の事前開示（会社782条・794条・803条）および株主総会の特別決議による承認（会社783条・795条・804条）を要し、反対株主および新株予約権者の買取請求権が認められ（会社785条・787条・797条・806条・808条）、会社債権者異議手続（会社789条・799条・810条）と事後開示（会社791条・801条・811条・815条）をしなければならない。

5　株式交換・株式移転

株式交換・株式移転とは
株式交換と株式移転の違いは、何だろう。
株式交換と株式移転の目的は、何だろう。

(1)　株式交換・株式移転とは

　株式交換・株式移転とは、既存の会社を完全子会社にして、他の会社を完全親会社とするか、新たに完全親会社を設立するかという方法で完全親子会社関係を形成することにより、経営の効率化を図り、国際競争力を向上させることを目的とした制度である。
　つまり、株式会社（完全子会社）の発行済株式の全部を他の株式会社または合同会社（完全親会社）に取得させることを株式交換という（会社2条31号）。ただし、合名会社および合資会社の株式交換は認められない。また、1または2以上の株式会社（完全子会社）の発行済株式の全部を新たに設立する株式会社（完全親会社）に取得させることを株式移転といい（会社2条32号）、株

式会社間でのみ可能である。したがって、完全親会社が、既存の会社である場合は株式交換で、新設の会社である場合が株式移転である。ただし、持分会社の株式移転は認められてない。

なお、株式交換および株式移転による完全親会社は、独占禁止法上の持株会社と必ずしも同一ではなく、株式交換または株式移転により株主は変動するが、会社財産の変動もなく、消滅する会社もない。

(2) 株式交換

当事会社は、株式交換契約を締結し（会社767条）、株式交換契約において、株式交換に関する事項を定めなければならない（会社768条1項・770条1項）。完全親会社は、効力発生日に、完全子会社の発行済株式の全部を取得する（会社769条1項・771条1項）。ただし、完全子会社の株式が譲渡制限株式であるときは、完全親会社が取得したことにつき、完全子会社が承認したものとみなす（会社769条2項・771条2項）。さらに、完全親会社は、効力発生日に、完全子会社の新株予約権付社債に係る債務を承継する（会社769条5項）。

(3) 株式移転

当事会社は、株式移転計画を作成し（会社772条1項）、複数の株式会社が共同株式移転をする場合には、共同して株式移転計画を作成する必要がある（会社772条2項）。株式移転計画において、株式移転に関する事項を定めなければならない（会社773条1項）。完全親会社は、その成立の日に、完全子会社の発行済株式の全部

を取得する(会社774条1項)。さらに、完全親会社は、その成立の日に、完全子会社の新株予約権付社債についての社債に係る債務を承継する(会社774条5項)。なお、共同株式移転が一定の取引分野の競争を制限する場合、また不公正な取引方法による場合には共同株式移転は認められない(独禁15条の3第1項)。

(4) 株式交換・株式移転の手続

当事会社は、合併および会社分割同様、株式交換契約または株式移転計画の事前開示(会社782条・794条・803条)および株主総会の特別決議による承認(会社783条・795条・804条)を要し、反対株主や新株予約権者の買取請求権が認められ(会社785条・787条・797条・806条・808条)、一定の場合に限って会社債権者異議手続(会社789条1項3号・799条1項3号・810条1項3号)と事後開示(会社791条・801条・811条・815条)をしなければならない。

6 組織再編行為の無効の訴え

組織再編の違法性を争う方法として、組織再編行為の無効の訴えが認められている。組織再編行為(組織変更、吸収合併、新設合併、吸収分割、新設分割、株式交換、株式移転)の手続に瑕疵がある場合には、効力が生じた日から6か月間(会社828条1項6号~12号)、当事会社の株主、社員、取締役、監査役、執行役、清算人、破産管財人、組織再編を承認しなかった債権者(会社828条2項6号~12号)は、組織再編行為の無効の訴えを提起することができる。なお、提訴期間は、株主総会決議の取消事由に基づくときは、

株主総会決議後3か月となる（会社831条1項）。

　さらに、当事会社が株主または債権者の訴えの提起が悪意であることを疎明した場合には、当事会社の申立てにより、裁判所は、株主または債権者に対し、相当の担保提供を命ずることができる。ただし、株主が、取締役、監査役、執行役、もしくは清算人であるときは命ずることは認められない（会社836条）。

　なお、組織再編行為の無効の確定判決は対世効を有するが（会社838条）、遡及効はない（会社839条）。また、株主または債権者が敗訴した場合において、株主または債権者に悪意または重大な過失があったときは、当事会社に対し、株主または債権者は、連帯して損害賠償責任を負う（会社846条）。

第7章

会社の再建と消滅

1 会社の再建

民事再生・会社更生とは
　民事再生と会社更生との違いは、何だろう。
　管財人は、誰によって選任されるのだろう。また、その役割は、何だろう。

(1) 民事再生

① 民事再生とは

　民事再生とは、民事再生法に基づき自力再建を原則とする。手続が簡易で柔軟に処理できることから個人企業や中小会社を主な対象としているが、従来の経営者が引き続き再建にあたることが

第7章　会社の再建と消滅　**193**

できることから、大会社においても申請するケースが増加している。

② 民事再生開始原因

民事再生は、支払不能、債務超過等の破産原因となる事実が生ずる危険性がある場合や、事業継続に支障なく、弁済期の債務弁済が不可能である場合などの民事再生開始原因が生じたとき、債務者の申立てによる裁判所の再生手続開始決定により開始される。ただし、破産原因となる事実が生ずるおそれがある場合には、債務者ばかりでなく、債権者も申立てを行うことが認められている（民再21条）。

③ 再生債務者による再建

再生債務者（経営者）自身が事業再建を行うので、再生債務者は、再生開始決定後も業務遂行権および財産管理処分権を有することから（民再38条1項）、再生債務者自身が再生計画を作成し、裁判所で認可されると計画は実施される。

(2) 会社更生

① 会社更生とは

会社更生とは、再建の可能性がある株式会社について、会社更生法に基づき、債権者、株主その他利害関係人の利害調整をしつつ、その事業の維持更生を図ることを目的とした制度である（会更1条）。

② 更生手続開始の申立て

株式会社は、支払不能と債務超過等の破産原因（破産15条・16条）となる事実の生ずる危険性がある場合や、事業継続に支障なく、弁済期の債務弁済が不可能である場合には、裁判所に対して更生手続開始の申立てをすることが認められている（会更17条1項）。

さらに、破産の原因となる事実が生ずる危険性がある場合は、会社の資本金の額の10分の1以上に当たる債権を有する債権者、およびその会社の総株主の議決権の10分の1以上を有する株主も、その会社について更生手続開始の申立てをすることができる（会更17条2項）。

なお、裁判所は、更生手続開始決定前でも必要があると認めるときは、利害関係人の申立てまたは職権により調査を命ずることができる（会更39条1項）。

③ 管財人による更生

裁判所は、更生手続開始の決定があった場合には、従来の経営者を経営から排除し、管財人を選任する（会更67条）。したがって、管財人が、更生会社の業務執行権および財産管理処分権を有することになる（会更72条1項）。さらに、管財人が作成した更生計画案を裁判所に提出し（会更184条1項）、関係人集会において可決されれば、裁判所の認可決定により更生計画の効力が生じ、更生計画が遂行される（会更199条1項・201条）。

2 会社の消滅

point!

解散・清算とは
会社の法人格は、いつ消滅するのだろう。
通常清算と特別清算との違いは、何だろう。

(1) 解 散

① 解散とは
　会社の解散とは、会社の法人格の消滅をもたらす原因となる事実をいい、会社は解散後、法律関係の後始末をする清算手続を行い、その手続の結了により会社の法人格は消滅する（会社476条）。

② 解散事由
　解散事由として、定款で定めた存続期間の満了（会社471条1号）、定款に定めた解散の事由の発生（会社471条2号）、株主総会の特別決議（会社471条3号）、株式会社が消滅する合併（会社471条4号）、破産手続開始の決定（会社471条5号、破産30条）、解散を命ずる裁判（会社471条6号）がある。
　また、特別法上の解散原因として、銀行や保険などの営業免許の取消し（銀行40条、保険152条3項2号）や特別な解散原因が規定されている。

③ 休眠会社のみなし解散制度
　休眠会社のみなし解散制度とは、株式会社で最後の登記日から

12年を経過した休眠会社は、法務大臣が登記所に事業を廃止しない旨の届出をするよう官報で公告し、その日より2か月以内にその届出または登記をしないときは解散したものとみなされる制度をいう（会社472条1項）。なお、登記所は、休眠会社に対し、公告があった旨を通知する義務がある（会社472条2項）。

④ 会社の継続と制限

株式会社が解散した場合でも、定款上の存続期間の満了、定款上の解散事由の発生、株主総会の特別決議などの一定の場合には、清算が結了するまで株主総会の特別決議により、株式会社を継続することができる（会社473条）。

また、株式会社が解散した場合には、解散した株式会社を存続会社とする合併は認められないが、消滅会社とする合併は可能であり、解散した株式会社を承継会社とする吸収分割は認められない（会社474条）。

(2) 清　算

① 通常清算

(イ) 通常清算とは

通常清算とは、裁判所の監督に服さない清算手続で、株式会社が解散した場合（合併および破産手続開始の決定の場合を除く）、設立無効の判決が確定した場合、および株式移転の無効の判決が確定した場合には、清算の手続が清算人により法定の手続によって行われる法定清算により会社の法律関係の後始末をし、残余財産が株主に分配される手続をいう（会社475条）。

なお、持分会社のうち合名会社と合資会社は、定款または総社

員の同意によって、その会社の財産の処分方法を定めることができる任意清算が認められているが（会社668条1項）、株式会社と合同会社には任意清算は認められていない。

(ロ) 清算人と監査役の選任

清算株式会社においては、解散時の取締役、定款で定める者または株主総会の決議により選任された者が清算人となり清算事務を行うが（会社477条1項・478条1項）、清算人となる者がいないときは、裁判所が、利害関係人もしくは法務大臣の申立て、または職権で清算人を選任する（会社478条2項・3項・4項）。

また、清算開始原因に該当するときは、公開会社または大会社であった清算株式会社は、監査役設置が義務付けられているが（会社477条4項）、監査等委員会設置会社または指名委員会等設置会社であった会社においては、監査等委員または監査委員が監査役となる（会社477条5項・6項）。

なお、清算人会設置会社においては、清算人は3人以上でなければならない（会社478条8項・331条5項）。ただし、清算人は自然人でなければならず、法人は清算人になることはできない。さらに、清算人は、清算株式会社を代表するが、代表清算人その他代表する者を定めることが認められている（会社483条1項）。なお、清算人と代表清算人の選任および解任は登記を要する（会社928条）。

また、すべての清算人で組織する清算人会の職務は、業務執行の決定、清算人の職務執行の監督および代表清算人の選定および解職である（会社489条1項・2項）。

なお、清算人の任期の規定はないが、清算人（裁判所が選任した者を除く）は、いつでも、株主総会の決議により解任することができ（会社479条1項）、重要な事由があるときは、裁判所は、

総株主の議決権の100分の3以上の議決権を6か月以上有するか、発行済株式の100分の3以上を6か月以上有する株主（非公開会社である清算株式会社においては、6か月の保有期間制限はない）の申立てにより、清算人を解任することができる（会社479条2項・3項）。

(ハ) 清算人の職務

清算人の職務は、現務の結了、債権の取立て、債務の弁済および残余財産の分配である（会社481条）。

なお、債務の弁済については、清算株式会社は、債権者に対し、2か月を下回らない一定期間内にその債権を申し出るべき旨を官報に公告し、知れたる債権者には、各別に債権の申出を催告しなければならないとする会社債権者異議手続を要し（会社499条1項）、催告申出期間内に申し出なかった債権者は、清算終了後の残余財産に対してしか弁済請求できない（会社503条1項）。ただし、会社の債務を弁済した後でなければ、株主に残余財産を分配することは認められない（会社502条）。また、株主は、残余財産が金銭以外の財産であるときは、金銭分配請求権を有する（会社505条1項）。

(二) 清算株式会社の制限と義務

清算株式会社は、残余財産の分配を除き、剰余金の配当や有償の自己株式取得は認められず（会社509条1項2号・2項）、清算株式会社が完全子会社となる株式交換および株式移転もできない（会社509条1項3号）。なお、清算事務が終了したときは、清算人は遅滞なく決算報告書を作成し、株主総会に提出し承認を得なければならない（会社507条1項・3項）。また、清算に関する重要書類は、本店所在地において清算結了の登記をした後10年間の保存が義務付けられている（会社508条1項）。

② **特別清算**

(イ) 特別清算とは

特別清算とは、株式会社が解散し清算を開始したが、清算の遂行に著しい支障をきたす事情があるか債務超過の疑いがあるときに、債権者、清算人、監査役および株主の申立てにより、裁判所の特別清算開始命令によって、裁判所の監督のもとで行われる清算手続をいう（会社510条・511条）。

特別清算は、裁判所に監督されない通常清算と異なり、裁判所に監督されるので（会社519条1項）、清算人の権限は制約され、裁判所の許可または裁判所が選任した監督委員の同意を得る必要がある（会社535条・536条）。

(ロ) 債権者集会の協定案作成

特別清算開始の命令があった場合には、債権者の債権額の割合に応じて弁済する必要がある（会社537条1項）。そのため、清算株式会社は、協定案を作成し、債権者集会において可決され（会社567条）、裁判所の認可決定が確定すれば（会社569条1項）、債権者全員に対し効力を生ずる（会社570条）。

(ハ) 破産手続開始の決定

特別清算の必要がなくなったときは、特別清算会社は通常の清算会社に戻る。しかし、裁判所は、協定の成立または実行の見込がないとき、もしくは清算株式会社に破産手続開始の原因となる事実があるときは、破産法に従い職権で、破産手続開始を決定し（会社574条1項）、破産管財人が選任され、残余財産は強制分配される（破産2条12項）。

第8章

持分会社

1 持分会社とは

持分会社とは

　持分会社とは、どのような会社形態なのだろう。
　合名会社、合資会社、合同会社を持分会社と総称することとした理由は、何だろう。

　会社法において、会社形態は株式会社と持分会社に分けられている。持分会社とは、合名会社、合資会社、合同会社を総称した会社をいう。持分会社は、原則として、企業の所有と経営が一致し、出資者である社員が互いの強固な人的信頼関係に基づいて形成され、社員全員が有限責任しか負わない合同会社と無限責任社員が存在する合名会社および合資会社とは異なるが、内部関係の

規律については同一の組合的規律を適用し、株式制度を採用しないという共通の特質を有し、全社員の総意により会社を運営し、社員自らが会社の業務執行にあたること、広く定款自治が認められ、制度設計が自由であり、株式会社のように機関の設置に関する強制的な規制がないことなどが特徴である。

2 設 立

持分会社の設立とは

持分会社では発起設立のみが認められて、募集設立が認められていないのは、なぜだろう。

持分会社には、株式会社に認められていない設立取消しの訴えが認められている理由は、何だろう。

(1) 定款作成

持分会社を設立するに際し、組合的規律が適用される会社であることから募集設立の必要性は乏しいので、発起設立のみが認められた。また、その社員になろうとする者が定款を作成し（電磁的記録も可）、その全員がこれに署名または記名押印しなければならない（会社575条）。なお、定款に対する公証人の認証は必要ない。

定款には、絶対的記載事項として、目的、商号、本店の所在地、社員の氏名または名称および住所、社員が無限責任社員または有限責任社員のいずれであるかの別、社員の出資の目的およびその

価額または評価の標準を記載または記録しなければならない（会社576条1項）。また、定款の定めがなければその効力を生じない相対的記載事項、およびその他の事項でこの法律の規定に違反しない任意的記載事項を記録または記載することができる（会社577条）。

(2) 出資の履行と登記

　有限責任社員（合資会社、合同会社）にあっては、金銭その他の財産の出資に限定し、信用出資（会社のための保証など）および労務出資（特別な技術による特定の労務の提供など）は認められないが、無限責任社員（合名会社、合資会社）は金銭等に限らず、信用および労務の出資も可能である（会社576条1項6号）。また、社員になろうとする者は、合同会社と異なり、設立前に全額または全部の払込みまたは給付を行う必要はない。

　また、設立しようとする持分会社が合同会社である場合には、その合同会社の社員になろうとする者は、定款の作成後、設立登記をするときまでに、その出資に係る金銭の全額を払い込み、またはその出資に係る金銭以外の財産の全部を給付しなければならない（全額払込主義）。ただし、合同会社の社員になろうとする者全員の同意があるときは、登記、登録その他権利の設定または移転を第三者に対抗するために必要な行為は、合同会社の成立後にすることを妨げない（会社578条）。そして、持分会社は、その本店の所在地において設立の登記をすることによって成立する（会社579条）。

(3) 定款変更

　持分会社は、定款に別段の定めがある場合を除き、総社員の同意により定款の変更をすることができる（会社637条）。なお、社員の死亡・合併により持分を承継した場合には、一般承継人に係る定款の変更をしたものとみなし（会社608条3項）、または社員が退社した場合には、その社員に係る定款の定めを廃止する定款の変更をしたものとみなす（会社610条）。

　さらに、持分会社間の種類変更は、組織変更ではなく、社員の変動（有限責任社員または無限責任社員の加入）または社員の全部または一部の責任の変更を内容とする定款の変更として、他の種類の持分会社に変更できる（会社638条）。

　なお、合資会社の有限責任社員が退社して、無限責任社員のみとなった場合には、その合資会社は、合名会社となる定款の変更をしたものとみなされ（会社639条1項）、合資会社の無限責任社員が退社したことにより有限責任社員のみとなった場合には、その合資会社は、合同会社となる定款変更をしたものとみなす（会社639条2項）。さらに、合名会社の無限責任社員の全部を有限責任社員とする定款を変更することにより合同会社となることができる。

(4) 設立無効・取消しの訴え

　持分会社についても、株式会社同様、設立無効の訴えを行うことができる（会社828条1項1号）。一方、株式会社と異なり、社員が民法その他の法律の規定により設立に係る意思表示を取り消すことができるときの社員、および社員がその債権者を害するこ

とを知って持分会社を設立したときの債権者は、持分会社の成立の日から2年以内に、持分会社の設立取消しの訴えの提起をすることができる（会社832条）

これは、持分会社において、詐欺や虚偽表示などが存在するような状況では、強固な人的信頼関係に基づいて形成された個人企業的な会社の人的基礎が失われることになるので、会社法は、株式会社と異なり、設立取消しの訴えの提起を認めることとした。

3 社 員

社員とは
　直接有限責任と間接有限責任の違いは、何だろう。
　持分会社では自己持分取得が制限されているのは、なぜだろう。

(1) 社員の責任

　持分会社の社員は、持分会社の財産をもってその債務を完済することができない場合、または持分会社の財産に対する強制執行がその効を奏しなかった場合には、連帯して、持分会社の債務を弁済する責任を負う（会社580条1項）。ただし、無限責任社員の責任には上限はないが、合資会社の有限責任社員は、その出資の価額を限度としてその会社の債務を弁済する責任を負い（直接有限責任）、合同会社の社員は、株式会社の社員同様、出資済みのため弁済責任を負わない（間接有限責任）（会社580条2項）。

また、有限責任社員が無限責任社員となった場合には、無限責任社員となる前に生じた持分会社の債務についても、無限責任社員として弁済責任を負い（会社583条1項）、有限責任社員（合同会社の社員を除く）が出資の価額を減少した場合であっても、その旨を登記する前に生じた持分会社の債務については、従前の責任の範囲内でこれを弁済する責任を負う（会社583条2項）。

　さらに、無限責任社員が有限責任社員となった場合であっても、その旨の登記をする前に生じた持分会社の債務については、無限責任社員としてその債務を弁済する責任を負うが（会社583条3項）、その登記後2年以内に請求または請求の予告をしない債権者に対しては、2年を経過した時に、その責任は消滅する（会社583条4項）。

　なお、有限責任社員が自己を無限責任社員であると誤認させる行為をしたとき、または社員でない者が自己を社員であると誤認させる行為をしたときは、その取引の相手方が誤認した範囲の責任を負う（会社588条・589条）。

(2) 持分の譲渡と取得制限

　持分会社の社員は、人的結合が強く、会社の運営において社員の意思決定が重要になるため、定款に別段の定めがある場合を除いて、他の社員の全員の承諾がなければ、その持分の全部または一部を他人に譲渡することはできない（会社585条1項）。ただし、業務を執行しない有限責任社員は、業務執行社員全員の承諾があるときは、その持分の全部または一部を他人に譲渡することができる（会社585条2項）。

　持分の全部を他人に譲渡した社員は、その旨を登記する前に生

じた持分会社の債務について、従前の責任の範囲内においてこれを弁済する責任を負うが（会社586条1項）、その登記後2年以内に請求または請求の予告をしない債権者に対しては、その登記後2年を経過したときは、その責任は消滅する（会社586条2項）。

なお、持分会社は、自己の持分の取得は認められていないが（会社587条1項）、その持分を取得した場合には、その持分は消滅する（会社587条2項）。これは、持分会社が、社員の個性を重視した人的結合の強固な会社であり、持分会社が自己持分を取得することにより、その持分の所有者が社員でなくなった場合には、株式と異なり、持分と社員とは独立した価値として流通する意味がないからである。

(3) 社員の加入

持分会社の社員の加入は、新たな加入や持分の全部または一部を譲り受けた場合、社員の死亡または合併等により持分を承継して加入する場合があり、社員の氏名または名称および住所は定款の絶対的記載事項なので、その社員に係る定款の変更をした時に効力を生ずる（会社604条1項・2項）。

合同会社が新たに社員を加入させる場合において、新たに社員になろうとする者が、定款を変更した時に、その出資の払込みまたは給付の全部または一部を履行していないときは、その者は、その払込みまたは給付の完了後に合同会社の社員となる（会社604条3項）。合同会社は、全額払込主義が採用され、定款変更と出資の全額履行が、社員加入の効力要件である。

また、持分会社の成立後に加入した社員は、その加入前に生じた持分会社の債務についても弁済責任を負う（会社605条）。

(4) 社員の退社

　持分会社の存続期間を定款で定めなかった場合、またはある社員の終身の間、持分会社が存続することを定款で定めた場合には、各社員は、6か月前までに持分会社に退社の予告をすることを条件に、事業年度の終了の時において退社することができる（会社606条1項）。ただし、定款で別段の定めをすることもできるが（会社606条2項）、各社員は、やむを得ない事由があるときは、いつでも任意退社することができる（会社606条3項）。

　さらに、社員は、任意退社のほかに、定款で定めた事由の発生、総社員の同意、死亡、合併、破産手続開始の決定、解散、後見開始の審判を受けたこと、除名、により法定退社する（会社607条1項）。なお、持分会社は、その社員が死亡した場合または合併により消滅した場合におけるその社員の相続人その他の一般承継人が、その社員の持分を承継する旨を定款で定めることができる（会社608条1項）。また、退社した社員は、その出資の種類を問わず、その持分の払戻しを受けることができる（会社611条1項）。

　退社した社員は、その登記をする前に生じた持分会社の債務については、従前の責任の範囲内で弁済する責任を負う（会社612条1項）。この責任は、登記後2年以内に請求または請求の予告をしない持分会社の債権者に対しては、その登記後2年を経過した時に消滅する（会社612条2項）。

4 業務執行

業務執行社員とは

持分会社に法人業務執行社員が認められている理由は、何だろう。

業務執行社員が行う競業取引と利益相反取引について、承認を受けなければならない社員の割合が異なるのは、なぜだろう。

(1) 業務執行社員とは

持分会社は資本と経営が一致した企業形態であり、出資者である社員は、定款に別段の定めがある場合を除き、持分会社の業務を執行する（会社590条1項）。社員が2人以上の場合には、持分会社の業務は、社員の過半数をもって決定する（会社590条2項）。ただし、持分会社の常務については、その完了前に他の社員が異議を述べた場合を除き、各社員が単独で行うことができる（会社590条3項）。

なお、業務執行社員を定款で定めた場合において、業務執行社員が2人以上いるときは、持分会社の業務は、定款に別段の定めがある場合を除き、業務執行社員の過半数によって決定する（会社591条1項）。また、各社員は、持分会社の業務執行権を有しないときであっても、その業務および財産の状況を調査することができる監視権を有する（会社592条1項）。

(2) 法人業務執行社員と代表社員

　法人が持分会社の業務執行社員になることができ、その場合には、職務を行う自然人（職務執行者）を選任し、その者の氏名および住所を他の社員に通知しなければならない（会社598条1項）。つまり、法人も他の持分会社の無限責任社員になることができる。これは、本来、法人の商取引に対する責任は無限責任であり、法人も保証人になるなど、信用を供与する行為を行うことが認められているため、その整合性の観点から認められたものである。

　業務執行社員は、持分会社を代表する（2人以上いる場合は、各自代表する）（会社599条1項・2項）。しかし、定款または定款の定めに基づく社員の互選により、業務執行社員の中から持分会社を代表する社員を定めることができる（会社599条3項）。

　持分会社を代表する社員は、持分会社の業務に関する一切の裁判上または裁判外の行為をする権限を有する（会社599条4項）。この権限に加えた制限は、善意の第三者に対抗することはできない（会社599条5項）。なお、無限責任社員ばかりでなく、有限責任社員も代表社員になることはできる。

(3) 業務執行社員の義務と責任

　業務執行社員は、その職務を行うにつき善管注意義務を負い（会社593条1項）、持分会社のために忠実義務を負う（会社593条2項）。さらに、業務執行社員は、持分会社または他の社員の請求があるときは、いつでも、その職務の執行の状況を報告し、その職務が終了した後は、遅滞なくその経過および結果を報告しなければならない（会社593条3項）。

また、業務執行社員は、競業取引について、定款に別段の定めがある場合を除き、会社が不利益となる可能性が大きいことから、その社員以外の社員全員の承認を受けなければ、その取引を行ってはならない（会社594条1項）。その行為によってその業務執行社員または第三者が得た利益の額は、持分会社に生じた損害の額と推定する（会社594条2項）。

　さらに、利益相反取引については、会社が不利益になるとは限らないことから、定款に定めがなければ、その社員以外の社員の過半数の承認を受ければ行うことができる（会社595条1項）。

　業務執行社員は、その任務を怠ったときは、持分会社に対し、連帯して、これによって生じた損害を賠償する責任を負う（会社596条）。また、業務を執行する有限責任社員は、その職務を行うにつき悪意または重大な過失があったときは、連帯して、これによって第三者に生じた損害を賠償する責任を負う（会社597条）。なお、株式会社のような責任免除規定はないが、広く定款自治に委ねられていることから個別の事項について判断されることになる。

　持分会社は、持分会社を代表する社員その他の代表者がその職務を行うにつき、第三者に加えた損害を賠償する責任を負う（会社600条）。また、持分会社が社員に対し、または社員が持分会社に対して訴えを提起する場合には、その訴えについて持分会社を代表する者がいないときは、その社員以外の社員の過半数をもって、その訴えについて持分会社を代表する者を定めることができる（会社601条）。

　さらに、社員が、持分会社に対して社員の責任を追及する訴えの提起を請求した場合において、持分会社がその請求の日から60日以内に訴えを提起しないときは、その請求をした社員は、

その訴えについて持分会社を代表することができる。ただし、その訴えがその社員もしくは第三者の不正な利益を図り、またはその持分会社に損害を加えることを目的とする場合は、その社員は持分会社を代表することはできない（会社602条）。

5 計算

持分会社の計算とは

　利益の配当に関して、有限責任社員と無限責任社員では、取扱いが異なるのは、なぜだろう。
　計算の規定に、合同会社の計算に関する特則が設けられているのは、なぜだろう。

(1) 計算とは

① 会計帳簿と計算書類

　持分会社においても、一般に公正妥当と認められる企業会計の慣行に従わなければならないのは株式会社と同様である（会社614条）。持分会社は、会社計算規則で定めるところにより、適時に正確な会計帳簿を作成しなければならず（会社615条1項）、会計帳簿の閉鎖の時から10年間、その会計帳簿およびその事業に関する重要な資料を保存する義務がある（会社615条2項）。また、裁判所は、申立てまたは職権で、訴訟の当事者に対し会計帳簿の全部または一部の提出を命ずることができる（会社616条）。

　また、持分会社は、その成立の日における貸借対照表を作成し

なければならない（会社617条1項）。さらに、各事業年度に係る計算書類（貸借対照表、損益計算書、社員資本等変動計算書、個別注記表）を作成しなければならない（会社617条2項、会社計規71条1項2号）。計算書類は、電磁的記録をもって作成することができ（会社617条3項）、持分会社は、計算書類を作成した時から10年間の保存義務を負う（会社617条4項）。

持分会社の社員は、計算書類（書面または電磁的記録）の閲覧または謄写の請求をすることができる（会社618条1項）。さらに、裁判所は、申立てまたは職権で、訴訟の当事者に対し、計算書類の全部または一部の提出を命ずることができる（会社619条）。

② 資本金の減少

持分会社は、損失のてん補のために、その資本金の額を減少することができる（会社620条1項）。ただし、減少する資本金の額は、損失の額として法務省令で定める方法で算定された額を超えることはできない（会社620条2項、会社計規162条）。なお、合同会社の資本金の額は、登記事項とされている（会社914条5号）。

③ 利益の配当と損益の分配（持分の増減）

社員は、持分会社に対し、利益の配当を請求することができ（会社621条1項）、持分会社は、利益配当に関する事項について定款で定めることができる（会社621条2項）。つまり、組合的な定款自治の適用により、出資の額に関係なく利益配当を行うことを、自由に定款で定めることができる。また、社員の持分の差押えは、利益配当請求権に対しても効力を有する（会社621条3項）。

さらに、損益分配の割合について定款に定めがないときは、各社員の出資の価額に応じた割合となり（会社622条1項）、利益ま

たは損失の一方についてのみ分配割合を定款で定めたときは、その割合は利益および損失の分配に共通であるものと推定する（会社622条2項）。ただし、損失がでても、社員の追加出資の義務はないが、社員の持分は減少する。

持分会社が、利益の配当により有限責任社員に対して交付した金銭等の帳簿価額が、利益額を超える場合には、その利益の配当を受けた有限責任社員は、その会社に対し、連帯して、その配当額全額に相当する金銭を支払う義務を負う（会社623条1項）。なお、無限責任社員に関する規定は設けられていない。

④ 出資の払戻し

持分会社は、出資の払戻しに関する事項を定款で定めることができ（会社624条2項）、社員は、持分会社に対し、すでに出資として払込みまたは給付をした金銭等の払戻しを請求することができる。ただし、現物出資であるときは、その財産の価額に相当する金銭の払戻しを請求することができる（会社624条1項）。また、社員の持分の差押えは、出資の払戻請求権に対しても効力を有する（会社624条3項）。

(2) 合同会社の計算に関する特則

① 計算書類の閲覧・謄写請求権と決算公告

合同会社では会社債権者保護の観点から、社員ばかりでなく債権者に対しても、作成した日から5年以内の計算書類（書面または電磁的記録）に限り、閲覧または謄写の請求をする権利を認めている（会社625条）。なお、合同会社においては、株式会社のように利害関係人が広範囲に及ばないことから、計算書類の決算公

告は要求されない。

② 資本金の減少と会社債権者異議手続

合同会社は、損失のてん補の場合のほか、出資の払戻しまたは持分の払戻しのために、その資本金の額を減少することができる（会社626条1項）。減少する資本金の額は、出資または持分の払戻しにより社員に対して交付する金銭等の帳簿価額から、出資または持分の払戻しをする日における剰余金額（資産の額から負債の額、資本金の額およびその他法務省令で定める各勘定科目に計上した額の合計額を減じて得た額）を控除して得た額を超えてはならない（会社626条2項・3項）。

ただし、合同会社については、資本金の額の減少に際し会社債権者異議手続が要求され、債権者は異議を述べることができる（会社627条1項）。合同会社は、資本金の額の減少の内容、および債権者が一定の期間内（1か月を下回らない）に異議を述べることができる旨を官報に公告し、知れている債権者には、各別にこれを催告しなければならない（会社627条2項）。また、官報による公告のほかに、定款の定めに従い、日刊新聞紙による公告または電子公告による場合には催告は必要ない（会社627条3項）。

債権者が、一定の期間内に異議を述べなかったときは、その債権者は、その資本金の額の減少について承認したものとみなす（会社627条4項）。しかし、異議を述べたときは、合同会社は、その債権者に対し、弁済もしくは相当の担保を提供し、またはその債権者に弁済を受けさせることを目的として、信託会社等に相当の財産を信託しなければならない。ただし、その資本金の額を減少しても、その債権者を害するおそれがないときは必要ない（会社627条5項）。なお、資本金の額の減少は、各手続が終了し

た日に効力を生ずる（会社627条6項）。

③ 利益の配当

　合同会社は、社員に対して、利益の配当により交付する金銭等の帳簿価額が、利益の配当をする日における利益額を超える場合には、その利益の配当をすることができない。ただし、利益の配当に関する事項は、定款により定めることができ、社員は合同会社に対し利益の配当を請求することができるが、配当額が利益額を超えるときは、合同会社は、社員からの利益の配当の請求を拒むことができる（会社628条）。

　合同会社が違反して利益の配当をした場合には、その利益の配当に関する業務を執行した社員は、その合同会社に対し、その利益の配当を受けた社員と連帯して、その配当額に相当する金銭を支払う義務を負う。ただし、その業務を執行した社員が、その職務を行うについて注意を怠らなかったことを証明した場合には、支払う義務のない過失責任を負う（会社629条1項）。しかし、利益の配当をした日における利益額を限度としてその義務を免除することについて、総社員の同意があればその義務は免除される（会社629条2項）。

　利益の配当を受けた社員は、配当額が利益の配当をした日における利益額を超えることにつき善意であるときは、その配当額について、その利益の配当に関する業務を執行した社員からの求償の請求に応ずる義務はない（会社630条1項）。また、合同会社が、利益額を超えて配当した場合には、その会社の債権者は、利益の配当を受けた社員に対し、配当額と債権者の会社に対する債権額のいずれか少ない方に相当する金銭を支払わせることができる（会社630条2項）。

合同会社が利益の配当をした場合に、その利益の配当をした日の属する事業年度の末日に欠損額が生じた場合には、その利益の配当に関する業務を執行した社員は、その合同会社に対し、その利益の配当を受けた社員と連帯して、その欠損額と配当額のいずれか少ない方の金額を支払う過失責任を負い（会社631条1項）、総社員の同意がなければ、支払う義務を免除することはできない（会社631条2項）。

④　出資の払戻し

　合同会社の社員は、定款を変更してその出資の価額を減少する場合を除き、債権者保護の観点から、出資の払戻しの請求をすることができない（会社632条1項）。ただし、定款を変更して出資の価額を減少する場合は、合同会社が、出資の払戻しにより社員に対して交付する出資の払戻額が、出資の払戻しを請求した日における剰余金額（出資の払戻しのために資本金の額を減少した場合においては、その減少後の剰余金額）または定款を変更して出資の価額を減少した額のいずれか少ない額を超える場合には、その出資の払戻しをすることはできない。この場合には、合同会社は、出資の払戻しの請求を拒むことができる（会社632条2項）。

　出資の払戻しの制限に違反して払戻しを行った場合には、その業務を執行した社員は、その合同会社に対し、その出資の払戻しを受けた社員と連帯して、その出資の払戻額に相当する金銭を支払う過失責任を負い（会社633条1項）、出資の払戻しをした日における剰余金額を限度として、総社員の同意がなければ支払う義務を免除することはできない（会社633条2項、会社計規164条3号ニ）。

　なお、出資の払戻しを受けた社員は、出資払戻額が剰余金額を

超えることにつき善意であるときは、その業務を執行した社員からの求償の請求に応ずる義務はない（会社634条1項）。ただし、合同会社の債権者は、出資の払戻しを受けた社員に対し、出資払戻額と債権額のいずれか少ない方に相当する金銭を支払わせることができる（会社634条2項）。

⑤ 持分の払戻しと会社債権者異議手続

合同会社が、退社に伴う持分の払戻しにより社員に対して交付する持分の払戻額が、剰余金額を超える場合には、その合同会社の債権者は、その会社に対し、持分の払戻しについて異議を述べることができる（会社635条1項、会社計規164条3号ホ）。

この場合、合同会社は、剰余金額を超える持分の払戻しの内容、および債権者が一定の期間内（1か月を下回ることはできない。なお、持分払戻額がその会社の純資産額を超える場合には、2か月を下回ることはできない）に異議を述べることができる旨を官報に公告し、知れている債権者には各別に催告しなければならない（会社635条2項）。ただし、官報による公告のほか、定款の定めにより、日刊新聞紙に掲載する方法または電子公告によるときは、各別の催告は必要ない。なお、持分払戻額がその会社の純資産額を超える場合には、各別の催告を要する（会社635条3項）。

ただし、債権者が期間内に異議を述べなかったときは、その持分の払戻しについて承認をしたものとみなす（会社635条4項）。しかし、債権者が期間内に異議を述べたときは、合同会社は、その債権者に対し、弁済もしくは相当の担保を提供し、またはその債権者に弁済を受けさせることを目的として、信託会社等に相当の財産を信託しなければならない。なお、持分払戻額がその会社の純資産額を超えない場合において、その持分の払戻しをしても

その債権者を害するおそれがないときは必要ない(会社635条5項)。

合同会社が、違反して持分の払戻しをした場合には、その業務を執行した社員は、その会社に対し、その持分の払戻しを受けた社員と連帯して、その持分払戻額に相当する金銭を支払う過失責任を負う(会社636条1項)。なお、持分の払戻しをしたときにおける剰余金額を限度として支払う義務を免除するには、総社員の同意が必要である(会社636条2項、会社計規164条3号ホ)。

6 終 了

解散・清算とは

法定清算と任意清算の違いは、何だろう。
清算持分会社の社員の責任は、いつ消滅するのだろう。

(1) 解 散

持分会社は、定款で定めた存続期間の満了、定款で定めた解散の事由の発生、総社員の同意、社員が欠けたこと、持分会社が消滅する合併、破産手続開始の決定、解散を命ずる裁判(解散命令・解散判決)、の解散事由により解散する(会社641条)。

また、持分会社は、上記の定款で定めた存続期間の満了、定款で定めた解散の事由の発生、総社員の同意、により解散した場合には、清算が結了するまで、社員の全部または一部の同意により、持分会社を継続することができる(会社642条1項)。なお、持分

会社を継続することに同意しなかった社員は、持分会社が継続することとなった日に退社する（会社642条2項）。

さらに、持分会社が解散した場合には、解散した持分会社を存続会社とする合併はできないが、消滅会社とする合併は可能であり、解散した持分会社を承継会社とする吸収分割も認められない（会社643条）。

(2) 清　算

持分会社の清算には法定清算と任意清算がある。

① 法定清算
(イ) 法定清算とは

法定清算とは、持分会社（合同会社は法定清算のみ）が、合併により解散した場合および破産手続開始の決定により解散した場合で、その破産手続が終了していない場合を除く解散をした場合、および設立無効または設立取消しの訴えに係る請求を認容する判決が確定した場合に行われる清算手続であり（会社644条）、清算持分会社は、株式会社同様、清算の目的の範囲内において、清算が結了するまで存続するものとみなされる（会社645条）。

(ロ) 清算人

清算持分会社は、1人または2人以上の清算人を選任する（会社646条）。清算人には、業務執行社員、定款で定める者、社員の過半数の同意によって定める者および裁判所が選任した者が就任するが（会社647条1項・2項）、社員が欠けたこと、解散命令、設立無効の訴えまたは設立取消しの訴えにより解散した清算持分会社については、裁判所が選任した者が就任する（会社647条3

項・4項)。

　なお、清算人(裁判所が選任したものを除く)は、定款に別段の定めがある場合を除き、社員の過半数の決定をもって解任されるが、重要な事由があるときは、裁判所が、社員その他利害関係人の申立てにより清算人を解任することができる(会社648条)。

　清算人の職務は、現務の結了、債権の取立ておよび債務の弁済、残余財産の分配であり(会社649条)、清算人が複数のときは、業務の執行は、定款に別段の定めがある場合を除き、清算人の過半数をもって決定する(会社650条)。

　清算人と清算持分会社は委任関係にあり(会社651条)、清算人が、その任務を怠ったときは、その会社に対し、連帯して、これにより生じた損害を賠償する責任を負い(会社652条)、悪意または重大な過失があったときは、第三者に生じた損害を賠償する連帯責任を負う(会社653条)。

　また、法人が清算人である場合には、清算人の職務を行うべき者を選任し、社員に通知しなければならない(会社654条1項)。さらに、清算持分会社の財産がその債務を完済するに足りないときは、清算人は、直ちに破産手続開始の申立てをしなければならない(会社656条1項)。

　なお、清算人は、清算持分会社を代表するが、2人以上ある場合には、各自会社を代表する(会社655条1項・2項)。ただし、定款または定款の定めに基づく清算人の互選により清算人の中から代表清算人を定めることができるが(会社655条3項)、裁判所が、清算人を選任する場合には、その清算人の中から代表清算人を定めることもできる(会社655条5項)。

　清算人は、その就任後遅滞なく、清算持分会社の財産の現況を調査し、清算の開始原因となった日における財産目録等(財産目

録および貸借対照表）を作成し、各社員に内容を通知しなければならない（会社658条1項）。裁判所は、訴訟の当事者に対し、申立てまたは職権で、財産目録等の全部または一部の提出を命ずることができる（会社659条）。

(ハ) 債務の弁済等

清算持分会社（合同会社に限る）は、清算開始原因に該当することとなった後、遅滞なく、債権者に対し、一定の期間内（2か月を下回ることはできない）にその債権を申し出るべき旨を官報に公告し、知れたる債権者には、各別にこれを催告しなければならない（会社660条1項）。

なお、債権者がその期間内に申出をしないときは、清算から除斥される旨を公告に付記しなければならない（会社660条2項・665条）。さらに、この期間内は、清算持分会社は債務の弁済をすることができないが（会社661条1項）、少額の債権、担保権により担保される債権、条件付債権、存続期間が不確定な債権等については弁済することができる（会社661条2項・662条）。

また、清算持分会社は、出資の全部または一部を履行していない社員があるときは、その出資に係る定款の定めにかかわらず、その社員に出資させることができ（会社663条）、債務を弁済した後でなければ、財産を社員に分配することができない（会社664条）。なお、残余財産の分配の割合について定款の定めがないときは、その割合は各社員の出資の価額に応じて定める（会社666条）。

② 任意清算

任意清算とは、合名会社および合資会社が、定款で定めた存続期間の満了、定款で定めた解散事由の発生、または総社員の同意

により解散した場合に、定款または総社員の同意によって、その会社の財産の処分方法を定めることができる清算手続である（会社668条1項）。この場合、解散の日から2週間以内に、解散の日における財産目録および貸借対照表を作成しなければならない（会社669条）。

さらに、その財産の処分方法を定めた場合には、解散後の清算合名会社・合資会社の債権者は、その財産の処分方法について異議を述べることができる（会社債権者異議手続）（会社670条1項）。すなわち、解散の日から2週間以内に、任意清算する旨および債権者が1か月以上の一定の期間内に異議を述べることができる旨を官報に公告し、知れたる債権者に格別に催告しなければならない（会社670条2項）。ただし、定款において、公告を官報のほか、日刊新聞紙に掲載する方法または電子公告によりするときは、各別の催告は必要ない（会社670条3項）。

なお、債権者が異議を述べたときは、清算合名会社・合資会社は、債権者に対して、弁済もしくは相当の担保の提供または信託会社等に相当の財産を信託しなければならない（会社670条5項）。

また、社員の持分を差し押さえた債権者があるときは、解散後の清算持分会社がその財産を処分するには、債権者の同意を得なければならないが（会社671条1項）、同意を得ないでその財産を処分したときは、社員の持分を差し押さえた債権者は、その清算持分会社に対し、持分に相当する金額の支払を請求することができる（会社671条2項）。

③ 清算の結了

清算事務が終了したときは、清算人は清算に係る計算をして、社員の承認を受けなければならない（会社667条）。さらに、清算

人(任意清算の場合には代表社員)、定款または社員の過半数をもって定める者もしくは利害関係人の申立てにより裁判所が選任した者は、清算持分会社の本店の所在地における清算結了の登記の時から10年間、清算持分会社の帳簿ならびにその事業および清算に関する重要な資料を保存しなければならない(会社672条)。

　なお、持分会社の社員の責任は、清算持分会社の本店の所在地における解散の登記をした後5年以内に請求または請求の予告をしない清算持分会社の債権者に対しては、その登記後5年を経過した時に消滅する(会社673条1項)。なお、この期間の経過後であっても、社員に分配しない残余財産があるときは、清算持分会社の債権者は、清算持分会社に対して弁済を請求することができる(会社673条2項)。

　しかし、合同会社の社員の責任は、すでに出資をすべて履行しており、登記されることもないので、合同会社の債権者に実質的に責任を負うことはない。

◆参考文献

『会社法入門 (第四版)』葭田英人（同文舘出版・2015）

『中小企業と法 (第二版)』葭田英人（同文舘出版・2015）

『基礎から学べる会社法 (第4版)』 近藤光男ほか（弘文堂・2016）

『図解　会社法 (平成27年版)』大坪和敏監修（大蔵財務協会・2015）

『株式会社法 (第6版)』江頭憲治郎（有斐閣・2015）

『会社法 (第十八版)』神田秀樹（弘文堂・2016）

『最新株式会社法 (第8版)』近藤光男（中央経済社・2015）

『アドバンス会社法』長島・大野・常松法律事務所編（商事法務・2016）

事項索引

あ 行

預合 …………………………………… 23
委員会の議事録 …………………… 148
委員会の決議 ……………………… 148
委員会の招集手続 ………………… 148
一人会社 ……………………………… 6
違法行為差止請求権
　　………………… 117・126・147・150
違法配当 …………………………… 173
インセンティブのねじれ ……… 133
インセンティブ報酬 ……………… 69
打切発行 ………………………… 22・78
売主追加請求権 …………………… 53
売渡請求権 ………………………… 50
営利社団法人 ………………………… 5
営利性 …………………………… 5・170
営利法人 ……………………………… 2
EDINET …………………………… 165
LLC …………………………………… 8
LLP …………………………………… 4
黄金株 ……………………………… 40
親会社 ……………………………… 54
　　──株式取得規制 …………… 54
　　完全── …………………… 189
親子会社関係 ……………………… 54

か 行

会計監査 ……………… 123・125・164
　　──限定監査役 ……………… 126
　　──報告 ……………………… 133
会計監査人 ………………………… 131
　　──の職務 …………………… 133
　　──の選解任 ………………… 133
　　──の報告義務 ……………… 134
　　──の報酬 …………………… 133
会計参与 …………………………… 118
　　──の意見陳述義務 ………… 120
　　──の資格 …………………… 119
　　──の選解任 ………………… 118
　　──の調査権 ………………… 120
　　──の任期 …………………… 119
　　──の報告義務 ……………… 121
　　──報告 ……………………… 120
　　補欠の── …………………… 119
会計帳簿 ……………………… 162・212
解散 …………………………… 196・219
　　──事由 …………………… 196・219
会社企業 ……………………………… 4
会社更生 …………………………… 194
会社債権者 …………………………… 7
　　──異議手続 …… 168・176・
　　177・185・189・191・
　　199・215・218・223

──保護 ···118・162・165・
　　166
会社の機関 ················10・89
会社の公告方法 ··············19
会社の訴訟代表 ·············139
会社の能力 ···················10
会社分割 ·····················185
合併 ··························182
　　吸収── ················183
　　交付金── ·············183
　　三角── ·········55・183
　　新設── ················184
株券 ···························41
　　──喪失登録制度 ········43
　　──の善意取得制度 ·····42
　　──発行会社 ············41
　　──不所持制度 ·········42
株式 ···························30
　　──の質入れ ············50
　　──の種類 ···············36
　　──の譲渡 ···············47
　　──の譲渡制限 ·········47
　　──の譲渡担保 ·········51
　　完全無議決権── ······37
　　議決権制限── ·········37
　　拒否権付種類── ······40
　　自己── ··················51
　　取得条項付── ·········38
　　取得請求権付── ······38
　　譲渡制限── ·····38・48
　　全部取得条項付種類── 39

　　普通── ··················37
　　募集── ··················61
　　役員選任権付種類── 40
　　優先── ··················37
　　劣後── ··················37
株式移転 ·····················189
　　──計画 ················190
　　共同── ················190
株式売渡請求権 ··············50
株式会社 ·······················9
　　──の機関設計 ·········90
株式買取請求権 ·······39・48・
　　102・181
株式交換 ·····················189
　　──契約 ················190
株式売却制度 ·················45
株式不可分の原則 ···········30
株式分割 ······················57
株式併合 ······················56
株式無償割当て ··············57
株主 ·······················9・31
　　──の監督権限の強化 ···127
　　所在不明── ············45
　　特別支配── ············50
株主総会 ······················93
　　──の議事録 ············99
　　──の議題 ···············96
　　──の決議方法 ········100
　　──の権限 ···············93
　　──の招集 ···············94
　　──の招集権者 ·········94

事項索引　**227**

——の招集地……………94
——の招集通知…………95
　種類——……………48・102
　定時——…………………93
　臨時——…………………93
株主総会決議による責任軽減の
規定………………………151
株主代表訴訟……………154
株主提案権…………………96
株主敗訴の場合の責任……157
株主平等の原則……………35
株主名簿……………………43
　——管理人………………46
株主有限責任の原則………34
株主優待制度………………35
株主割当て…………………61
簡易な事業譲受け…………181
関係人集会………………195
監査委員会………………146
監査委員の職務権限………147
管財人……………………195
監査等委員………………137
　——の違法行為差止請求権
　　………………………139
　——の選解任……………137
　——の調査権……………138
　——の任期………………138
　——の報告義務…………139
　——の報酬………………138
監査等委員会…………136・140
　——の議事録……………141

——の決議………………141
——の招集………………140
——の職務………………140
監査等委員会設置会社……135
　——の取締役会…………142
　——の取締役会の職務…142
監査報告……………125・140
監査法人……………119・132
監査役……………………122
　——選任議案提出請求権
　　………………………124
　——の員数………………124
　——の資格………………124
　——の選解任……………123
　——の同意権……………124
　——の任期………………124
　——の報酬等……………127
　会計監査限定——………126
　社外——………124・128・135
　常勤——……………124・128
　補欠の——………………123
監査役会…………………128
　——議事録………………130
　——の決議………………129
　——の職務………………128
監視権……………………209
間接責任……………………7
間接有限責任社員…………9
完全親会社………………189
完全子会社………………189
完全無議決権株式…………37

議案提出権	96
機関監査	146
機関設計の柔軟化	10・90
機関の組合せ	92
企業グループ内部統制システム	112・142・145
議決権制限株式	37
議決権の不統一行使	98
期限の利益	84
擬似発起人の責任	26
基準日の制度	46
議題提案権	96
寄付行為	1
キャッシュ・アウト	50
キャッシュ・アウト・マージャー	183
吸収合併	183
――契約	183
吸収分割	186
――契約	186
給付の仮装	65
休眠会社のみなし解散制度	196
共益権	32
競業取引	116・149・211
競業避止義務	179
共同株式移転	190
共同企業	4
共同新設分割	187
共同訴訟人	160
業務監査	123・125
業務執行社員	8・209
法人――	210
業務執行取締役	108・112
虚偽記載	153
拒否権付種類株式	40
金庫株	51
金銭出資	17
金銭分配請求権	171・199
組合	5
匿名――	4
発起人――	14
民法上の――	4
有限責任事業――	4
組合企業	4
組合的規律	9・202
計算書類	120・162・213
――の備置き	121
臨時――	165
連結――	166
決議取消しの訴え	104
決議不存在確認の訴え	104
決議無効確認の訴え	104
決算公告	165・214
原告適格	104・156・158
――の継続	156
検査役の調査	17・64・74・97・182
――の省略	18・64
現物出資	17・214
現物配当	171
権利株	20・47
権利能力	10

——のない社団 …………… 3
行為能力 …………………… 10
公益法人 …………………… 2
公開会社 …………………… 9
　　非—— ……………………… 9
公共団体 …………………… 1
合資会社 ………………… 8・201
公証人の認証 ……………… 14
構成員 …………………… 2・4
更生計画案 ………………… 195
更生手続開始 ……………… 195
合同会社 ………………… 8・201
公認会計士 …………… 119・132
交付金合併 ………………… 183
公法人 ……………………… 1
合名会社 ………………… 8・201
効力発生日 …… 176・177・184・186・190
子会社 ……………………… 54
　　完全—— ………………… 189
個人企業 …………………… 3
顧問税理士 ………………… 119
固有権 ……………………… 34
　　非—— ………………… 34

さ　行

財源規制 …………………… 172
債権者集会 ………………… 200
財産価格てん補責任 ……… 24
財産の過大評価 …………… 17
財産引受け ………………… 18
最終完全親会社 …………… 158
再審の訴え ………………… 157
再生計画 …………………… 194
再生債務者 ………………… 194
財団法人 …………………… 1
最低責任限度額 …………… 151
債務の株式化 ……………… 64
裁量棄却 …………… 104・105
詐害的事業譲渡 …………… 180
詐害的な会社分割 ………… 188
三角合併 …………… 55・183
残存債権者 ………… 180・188
自益権 ……………………… 32
事業承継 …………………… 36
事業譲渡 …………………… 177
資金調達 ………… 36・69・76
事後開示 ………… 185・189・191
自己株式 …………………… 51
　　——取得 ………………… 51
　　——の処分方法 ………… 54
　　——の有償取得 ……… 170
自己監査 …………… 124・146
自己社債 …………… 81・85
自己新株予約権の取得 …… 72
事後設立 …………………… 182
自己持分取得 ……………… 207
持参債務 …………………… 81
事前開示 ………… 185・189・191
自然人 ……………………… 11
執行役 ……………………… 149
　　——の選解任 ………… 149

執行役員	149
実地監査	123・146
指定買取人	49
私法人	1
私募債	82
資本金	166
——減少無効の訴え	169
——・準備金の増加	169
——の減少	168・213・215
指名委員会	146
指名委員会等設置会社	143
——の取締役会	145
社員	2・4
——の加入	207
——の退社	208
間接有限責任——	9
業務執行——	8・209
代表——	210
直接無限責任——	8
直接有限責任——	8
法人業務執行——	210
無限責任——	203・205
持分会社の——	205
有限責任——	203・205
社員権論	32
社外監査役	124・128・135
——の要件	129
社外取締役	107・135・137・140・143
——の要件	107
社債	76
——の質入れ	80
——の償還方法	81
——の譲渡	80
——の発行	77
自己——	85
新株予約権付——	72
振替——	79
社債管理者	82
——の権限	82
——の責任	83
社債権者	77
社債権者集会	85
——の決議	85
——の招集	85
社債券の喪失	80
社債券の発行	78・80
社債券の不発行	78
社債原簿	79
——管理人	79
社債利息	81
社団	5
権利能力のない——	3
人格のない——	3
社団性	5
潜在的——	6
社団法人	2
営利——	5
出資の払戻し	214・217
取得条項付株式	38
取得請求権付株式	38
種類株主総会	48・102

種類変更 …………………176・204	——の無償割当て …………71
純資産額規制 ………………171	——の割当て ………………69
準備金 ………………………166	新株予約権原簿 ……………71
——の減少 …………………168	新株予約権者 ………………70
常勤監査役 ……………124・128	新株予約権付社債 …………72
商号 ……………………………15	新設合併 ……………………184
招集通知 ……………………113	——契約 ……………………184
少数株主権 ……………………32	新設分割 ……………………187
譲渡承認 ………………………48	——計画 ……………………187
譲渡制限株式 ……………38・48	共同—— ……………………187
剰余金の配当 ………………170	信用出資 …………………8・203
剰余金の分配 ………………170	随時分割償還 …………………81
——規制 ……………………172	ストックオプション ……52・69
職務執行者 …………………210	清算 ……………………197・220
所在不明株主 …………………45	通常—— ……………………197
書面決議 ………………114・130	特別—— ……………………200
書面投票 ………………95・98	任意—— ………………198・222
自力再建 ……………………193	法定—— ………………197・220
人格のない社団 ………………3	清算人 ……………197・198・220
新株発行等の不存在確認の訴え ……………………………67	——の職務 ………199・221
新株発行等の無効の訴え ………66	代表—— ………………198・221
新株予約権 ……………………68	清算人会 ……………………198
——の活用方法 ………………69	税理士 ………………………119
——の行使 …………………73	顧問—— ……………………119
——の質入れ ………………72	税理士法人 …………………119
——の譲渡 …………………72	成立の日 …………184・187・190
——の発行差止請求 …………75	責任限定契約 ………………152
——の発行の不存在確認の訴え ……………………………76	責任追及等の訴え …………154
——の発行の無効の訴え …75	責任の軽減 …………………151
	絶対的記載事項 ………15・202
	説明拒絶 ……………………99

設立関与責任……………………24
設立登記…………………………23
設立取消しの訴え……………205
設立費用…………………………18
設立無効…………………………27
　　──原因………………………27
　　──の訴え……………27・204
全額払込主義…………………203
全株式譲渡制限会社……………9
善管注意義務…………116・123・
　130・132・145・149・210
潜在的社団性……………………6
全部取得条項付種類株式……39
相対的記載事項…………17・203
創立総会…………………………23
遡及効…………………27・67・76・
　105・169・192
組織再編行為…………………191
　　──の無効の訴え………191
組織的監査……………………146
組織変更………………………175
　　──計画………………176・177
損益の分配……………………213

た　行

大会社……………………………9
対価の柔軟化…………………183
対世効…………27・67・68・76・
　104・105・169・192
代表権……………………106・109
代表執行役……………………150

表見──…………………………150
代表社員………………………210
代表社債権者……………………87
代表清算人……………198・221
代表取締役……………106・109
　　──の員数…………………110
　　──の資格…………………110
　表見──…………………………111
代理権……………………………98
多重代表訴訟…………………158
妥当性監査……………126・147
単元株制度………………………58
単独株主権………………………32
担保提供…………………155・192
中間的機関設計………………135
中間法人…………………………3
忠実義務………………116・130・145・
　149・210
中小会社…………………………10
直接責任…………………………7
直接無限責任社員………………8
直接有限責任社員………………8
通常清算………………………197
DES………………………………64
定款………………………………2・14
　　──作成……………………202
　　──変更………15・176・204
定時株主総会……………………93
定時分割償還……………………81
定足数……………………100・101
提訴懈怠防止…………………158

事項索引　**233**

定例日開催 …………………… 113
敵対的企業買収防衛策 …… 38・69
適法性監査 …………………… 126
デット・エクイティ・スワップ
　………………………… 64・74
テレビ会議 …………… 114・130
電子開示システム …………… 165
電子投票 ……………………… 95
電話会議 ……………… 114・130
登録質 ………………………… 51
特殊決議 ……………… 101・103
特定責任 ……………………… 159
　――追及の訴え …………… 158
独任制 ………………… 123・147
　――の機関 ………………… 123
特別決議 ……………… 101・103
特別支配会社 ………………… 181
特別支配株主 ………………… 50
特別清算 ……………………… 200
　――開始命令 ……………… 200
特別代理人 …………………… 83
特別取締役 …………………… 115
特別の利益 …………………… 18
特別利害関係人 ……………… 113
匿名組合 ……………………… 4
特例有限会社 ………………… 10
取締役 ………………… 105・145
　――等の説明義務 ………… 99
　――の員数 ………………… 106
　――の資格 ………………… 106
　――の任期 ………………… 107

業務執行 ……………… 108・112
社外 ―― ……………… 107・135・
　137・140・143
代表 ―― ……………… 106・109
特別 ―― ……………………… 115
表見代表 ―― ………………… 111
補欠 ―― ……………………… 105
取締役会 ……………………… 111
　――議事録 ………………… 114
　――招集請求権 …………… 112
　――の決議 ………………… 113
　――の招集 ………………… 113
　――の招集権者 …………… 112
　監査等委員会設置会社
　　の ――…………………… 142
　指名委員会等設置会社
　　の ――…………………… 145
取締役（会）による責任軽減に
　関する定款の定めの規定 … 152
取立債務 ……………………… 81

な　行

内部統制システム
　………………… 112・142・145
　企業グループ ―― ……… 112・
　142・145
任意清算 ……………… 198・222
任意退社 ……………………… 208
任意的記載事項 ……… 19・203
任務懈怠 ……………………… 141
　――責任 …………………… 25

は 行

破産管財人 ……………………… 200
破産手続開始 ……………… 200・221
発行可能株式総数 ………………… 16
払込みの仮装 …………………… 65
非業務執行取締役等 …………… 152
非公開会社 ………………………… 9
非固有権 ………………………… 34
1株1議決権の原則 ……………… 97
表見代表執行役 ………………… 150
表見代表取締役 ………………… 111
費用負担 ………………………… 157
普通株式 ………………………… 37
普通決議 …………………… 100・103
振替株式制度 …………………… 55
振替社債 ………………………… 79
分配可能額 ……………………… 173
変態設立事項 …………………… 17
報酬委員会 ……………………… 146
法人 ………………………………… 1
　　営利社団 —— …………………… 5
　　営利 —— ……………………… 2
　　監査 —— ……………… 119・132
　　公益 —— ……………………… 2
　　公 —— ………………………… 1
　　財団 —— ……………………… 1
　　私 —— ………………………… 1
　　社団 —— ……………………… 2
　　税理士 —— ………………… 119
　　中間 —— ……………………… 3

法人格 ………………………… 4・6・11
　　——否認の法理 ………………… 6
法人業務執行社員 ……………… 210
法人性 ……………………………… 6
法定清算 …………………… 197・220
法定退社 ………………………… 208
法定の重要事項 ………………… 142
法律行為 ………………………… 10
補欠取締役 ……………………… 105
補欠の会計参与 ………………… 119
補欠の監査役 …………………… 123
募集株式 ………………………… 61
　　——の発行差止請求 ………… 66
　　——の引受け ………………… 62
　　——の募集事項 ……………… 61
　　——の割当て ………………… 62
募集社債の引受け ……………… 78
募集社債の割当て ……………… 78
募集設立 ………………………… 21
補助参加 …………………… 155・160
発起設立 …………………… 20・202
発起人 …………………………… 13
　　——組合 ……………………… 14
保有期間制限 ……… 34・94・96・150・154・199

ま 行

満期償還 ………………………… 81
見せ金 …………………………… 23
民事再生 ………………………… 193
　　——開始原因 ………………… 194

民法上の組合 …… 4
無限責任 …… 4・7
　——社員 …… 203・205
免除額 …… 151
申立手数料 …… 157
持株会社 …… 190
持分会社 …… 7・201
　——の業務執行権 …… 209
　——の社員 …… 205
　——の設立 …… 202
持分単一主義 …… 30
持分の譲渡 …… 206
持分の増減 …… 213
持分の払戻し …… 208・218
持分複数主義 …… 30
持ち回り決議 …… 114・130

や 行

役員選任権付種類株式 …… 40
役員等の損害賠償責任 …… 151
有限責任 …… 4・7
　——事業組合 …… 4
　——社員 …… 203・205

優先株式 …… 37
有利発行 …… 61

ら 行

濫訴防止 …… 158
利益供与に対する責任 …… 153
利益相反取引 …… 116・141・149・211
　——に対する責任 …… 153
利益の配当 …… 213・216
リスク管理体制 …… 112
略式質 …… 50
臨時株主総会 …… 93
臨時計算書類 …… 165
劣後株式 …… 37
連結計算書類 …… 166
連帯債務者 …… 65・131
労務出資 …… 8・203

わ 行

和解 …… 155
割当自由の原則 …… 22・62

■ 葭田　英人（よしだ　ひでと）

1952年　石川県生まれ
東京教育大学（現　筑波大学）卒業
筑波大学大学院経営政策科学研究科企業法学専攻修了
琉球大学法文学部・大学院人文社会科学研究科教授を経て
神奈川大学法学部・大学院法学研究科　教授（現在）

<主要著書>

『コーポレート・ガバナンスと会計法－株主有限責任と会社債権者保護』（日本評論社・2008）
『基礎から理解する租税法－所得税法・法人税法入門』（日本評論社・2010）
『持分会社・特例有限会社の制度・組織変更と税務』編著（中央経済社・2013）
『会社法入門（第四版）』（同文舘出版・2015）
『合同会社の法制度と税制（第二版）』編著（税務経理協会・2015）
『中小企業と法（第二版）』（同文舘出版・2015）

基本がわかる会社法

2017年2月10日　第1刷発行

著　者　　　　葭　田　英　人
発行者　　　株式会社　三　省　堂
　　　　　　　代表者　北口克彦

印刷者　　　三省堂印刷株式会社
発行所　　　株式会社　三　省　堂

〒101-8371　東京都千代田区三崎町二丁目22番14号
　　　　　　電話　編集　　（03）3230-9411
　　　　　　　　　営業　　（03）3230-9412
　　　　　　振替口座　　　00160-5-54300
　　　　　　http://www.sanseido.co.jp/

Ⓒ H. Yoshida 2017　　　　　　　　　　Printed in Japan

落丁本・乱丁本はお取替えいたします。　〈基本がわかる会社法・256pp.〉

ISBN978-4-385-32279-7

Ⓡ 本書を無断で複写複製することは、著作権法上の例外を除き、禁じられています。本書をコピーされる場合は、事前に日本複製権センター（03-3401-2382）の許諾を受けてください。
また、本書を請負業者等の第三者に依頼してスキャン等によってデジタル化することは、たとえ個人や家庭内での利用であっても一切認められておりません。